U0010674

打開犯罪心理學大門

詐騙、竊盜、縱火、性騷擾、殺人犯，
這些壞人都在想什麼?

悪いヤツらは何を考えているのか
ゼロからわかる犯罪心理学入門

桐生正幸 著

魏俊崎 譯

晨星出版

覺得那是壞事卻仍去做的犯罪
是不存在的。

永山則夫

他是一位連續槍殺案罪犯。1969年，他用從美軍設施偷竊出來的手槍射殺了4個人，當時他19歲，於隔年4月遭到逮捕。1990年，被最高法院宣判死刑並定讞並於1997年執行。因為犯下罪行時雖未成年但卻仍被判處死刑的消息一出，成為當時的轟動話題。當年宣判時，法院所提出的九項基準被稱為「永山基準」，至今也仍是死刑判決的判斷基準。

序

在成為大學老師之前，我在山形縣科學搜查研究所中，以負責心理學的研究員身分工作了21年。

最一開始參與的是「測謊」，調查受測者是否知道只有與犯罪相關的人才會知道的記憶資訊，後期也從事了「犯罪者側寫」的研究與實踐。

山形縣是一個犯罪率很低的地方。

就算是這樣，每天還是會發生個什麼案件。

從平日就常發生的侵入住宅竊盜以及跟蹤狂等事件，另外也有殺人、強盜以及縱火之類的兇惡案件，還有像是持有中樞神經興奮劑、大麻等的持有毒品罪、違反公職選舉法等等……。

不管是中元節、年末還是休假日，只要各地的警署請求出勤，我就會在事件發生後立刻趕到現場並開始觀察，聽取目擊者以及被害者的說詞，當有嫌疑人浮出時，就會透過不停地重複面談以及檢查以找尋跡證。有時候也會在拘留所與嫌疑犯直接對談，或是以鑑定人的身分出席審判。

在殺人案的現場，我都會壓抑所有的情感，徹底地當一位只專注在事實的研究者。在小孩或是女性受到性侵害的案件中，我也都不斷地隱藏住對加害者持續湧出的憤怒，以及對被害者心中所抱持恐懼心情的同理心。

即使是現在身為大學老師，有時候在講課時，突然回想起當時的狀況，也會讓我頓時語塞。

犯罪會帶給當事者、被害者以及周圍的人們非常大的負影響。同樣地，也會在不知不覺間傷害到與搜查以及矯正相關從業者的心。所謂的犯罪心理學，就是一門冷靜地以科學方式處理那些伴隨著苦痛的現象。

　　當時，有一件因工作而理解到的事情。

　　那就是——犯罪這種極少發生的事件，是從我們的「日常生活」中產生的。

　　況且，犯罪者與我們其實都一直生活在同一個日常空間，你我犯過的或大或小的錯，再嚴重一點就可以衍生為犯罪。

　　當然，犯罪也有許多不同的類型，是沒有辦法全部一視同仁的。

　　然而，大部分的案件絕對不是在另一個世界醞釀而成的，毫無疑問地，就是從我們所居處的社會中產生出來的。

　　還有，犯罪者也和我們一樣都是人。

　　當社會變得不安時，我們會開始變得自私，更加地明哲保身，不把這個不安的原因怪到誰身上的話，就無法安心。

　　我們的心中也都埋藏著黑暗的一面，無論或大或小，最終都會在不知不覺中做出傷害、折磨某個人的行為。

　　所謂的犯罪心理學，同時也是一門探索我們自己內心黑暗並伴隨著苦痛的學問。

　　說是這樣說，犯罪心理學的首要研究對象仍是以現實存在的「罪犯」為主，他們犯法、傷人，有時候甚至會奪走人的性命以及尊嚴，這些人到底都在想什麼呢？

在本書中，會以犯罪心理學截至目前為止已被闡明的研究為主軸，試圖解讀上述疑問。

而針對涉及女性以及兒童的兇惡犯罪部分，在加上了具體的對應策略後整理成了簡潔的文章。

希望本書可以幫助讀者解讀「壞人們」的想法以及行動，並從犯罪中保護自己。

東洋大學教授
桐生正幸

contents

目次

序 ⋯⋯⋯⋯⋯⋯⋯⋯⋯⋯⋯⋯⋯⋯⋯⋯⋯⋯⋯⋯⋯⋯⋯⋯ 04

第1部
打開犯罪心理學的大門

第1章　為什麼會有犯罪？

話說回來，「犯罪」是什麼？ ⋯⋯⋯⋯⋯⋯⋯⋯ 14

只有罪犯，犯罪是不會成立的 ⋯⋯⋯⋯⋯⋯ 18

摸索罪犯的思考迴路 ⋯⋯⋯⋯⋯⋯⋯ 22

住宅區真的安全嗎？ ⋯⋯⋯⋯⋯⋯⋯ 26

是「環境」催生了犯罪嗎？ ⋯⋯⋯⋯⋯⋯ 30

你阻止得了犯罪嗎？ ⋯⋯⋯⋯⋯⋯⋯ 34

日本最危險、最安全的都道府縣是？ ⋯⋯⋯⋯⋯⋯ 38

第2章　罪犯都在想什麼呢？

即使一樣是殺人，動機也不相同 ⋯⋯⋯⋯⋯⋯ 44

從個人恨意轉變成「誰都可以」 ⋯⋯⋯⋯⋯⋯ 48

連續殺人犯不會因罪惡感而苦 ⋯⋯⋯⋯⋯⋯ 52

玩弄遺體的最兇惡殺人犯 ⋯⋯⋯⋯⋯⋯ 56

犯罪史上最知名的 8 位離奇殺人犯

彼得・庫爾滕 ·· 61

弗雷德・韋斯特與露絲瑪麗・韋斯特 ········· 62

約翰・達菲 ·· 63

安德烈・齊卡提洛 ······································ 64

查爾斯・曼森 ··· 65

傑佛瑞・丹墨 ··· 66

克莉絲汀・吉爾伯特 ··································· 67

難以理解的犯罪動機 ··································· 68

罪犯會瞄準人最脆弱的部分 ······················ 72

為什麼教師的性犯罪無法根除？ ··············· 76

高齡者的犯罪正在增加?! ···························· 80

罪犯有可能改變並重生嗎？ ······················ 84

第 3 章　罪犯是怎麼追捕到的？

警方是怎麼進行調查的呢？ ······················ 92

偵訊是怎麼進行的呢？ ······························ 100

目擊者的證詞可以信任到什麼程度？ ········· 104

什麼是犯罪側寫？ ······································ 108

罪犯會做的行動模式指的是？ ··················· 112

使用監視攝影機可以減少犯罪嗎？ ············ 114

不讓罪犯靠近的社區營造 ··························· 116

有辦法看穿罪犯的謊言嗎？ ······················ 118

第 4 章　家庭內的犯罪

兒童虐待 ································· 126

家庭內暴力 ······························· 130

家庭暴力（ＤＶ） ························· 132

第 2 部
犯罪的最前線以及防範手冊

性犯罪的現狀　透過使用智慧型手機的新手法?! ·········· 138

性犯罪的心理　性騷擾犯罪者會針對看起來容易

　　　　　　　哭著入睡的女性下手 ··········· 144

防範對策①　逃離性犯罪者的要點 ················· 148

跟蹤犯罪的現況　網路也是跟蹤狂的犯罪現場 ··········· 150

跟蹤狂的心理　強烈的思念轉變成偏執的愛情 ··········· 154

防範對策②　逃離跟蹤狂的要點 ················· 158

瞄準孩童的犯罪現況　惡用社群軟體的犯罪正在急速增加中　160

瞄準孩童的罪犯心理　可疑人士會躲在某處窺視 ·········· 164

防範對策③　逃離可疑人士的要點 ················· 166

防範對策④　孩童會在哪裡被盯上呢？ ············· 168

詐騙的現況　有組織性且巧妙的詐騙手法 ⋯⋯⋯⋯⋯ 170

詐騙犯的心理　重點在於與目標之間的信賴關係 ⋯⋯⋯⋯ 174

防範對策⑤　不被詐騙的要點 ⋯⋯⋯⋯⋯⋯⋯⋯⋯⋯⋯ 176

結語 ⋯⋯⋯⋯⋯⋯⋯⋯⋯⋯⋯⋯⋯⋯⋯⋯⋯⋯⋯⋯⋯ 181

參考文獻 ⋯⋯⋯⋯⋯⋯⋯⋯⋯⋯⋯⋯⋯⋯⋯⋯⋯⋯⋯ 182

台灣諮詢及救援服務專線一覽表 ⋯⋯⋯⋯⋯⋯⋯⋯⋯ 184

專欄

電影與犯罪①　**計程車司機** ⋯⋯⋯⋯⋯⋯⋯⋯⋯ 40

電影與犯罪②　**天國與地獄** ⋯⋯⋯⋯⋯⋯⋯⋯⋯ 88

電影與犯罪③　**沉默的羔羊** ⋯⋯⋯⋯⋯⋯⋯⋯⋯ 122

電影與犯罪④　**傑克蓋的房子** ⋯⋯⋯⋯⋯⋯⋯⋯ 178

第 1 部

打開犯罪心理學的大門

所謂的「犯罪心理學」就是透過心理學的研究，解讀犯罪行為以及出現在周邊的各式各樣問題。

在此一章節，會從犯罪是如何產生的？罪犯在想什麼？罪犯是如何追捕到的（警方搜查的實際過程）？以及家庭內產生的犯罪指的是什麼？這四個視點來進行解說。

第 1 章

為什麼會有犯罪？

話說回來，「犯罪」是什麼？

犯罪與否是由法律所決定的

在理解「犯罪心理學」之前，有一件想要先釐清的事情，那就是何謂犯罪？

所謂的犯罪，指的是一開始就已事先在法律中制定出來的不法行為（罪刑法定主義）。

再講得極端一點，無論對其他人來說是多麼困擾的行為，只要法律未將其定義成違法，該行為就不是犯罪。

但是，犯罪與否之間的界線，意外地相當難制定。

比如說隨手亂丟垃圾，不將垃圾丟在公共場所只是一個道德上的問題吧，但是京都府龜岡市制定了「禁止隨手亂丟垃圾條例」，對於違法者課以 5 萬元日幣以下罰緩。因為這個條例也是法律，只要違反了就等同是犯罪。也就是說，即使是亂丟垃圾一事，根據地區不同，也會變成犯罪。

像是最近開始嚴格開罰的「行進間使用智慧型手機」，讓你我都意識到即使沒有引發事故，光是開車時使用智慧型手機也會被判拘役。

就如同剛剛所提到的，當加強取締後，某些原先沒問題的行動，突然就會變成違法行為。

另外，當沒有合理判斷善惡的能力，或是沒有辦法遵循該判斷而去行動的能力，也就是說缺少責任能力時，就不是犯罪。

「犯罪」的定義是？

所有的犯罪都是由法律所規定的。

罪刑法定主義

《日本憲法第31條》

只要不在法律制定的範圍內，任何人都不會被剝奪生命或是自由，抑或科以其他刑罰。

《日本憲法第39條》

任何人在行已合法或是獲判無罪釋放之行為時，不會被追究任何刑事上的責任。另外，對於同一種犯罪，不會重複追究刑事上的責任。

對於法律中沒有規定的行為，當權者不能隨意地認定為「違法」而用以處罰國民。

認定犯罪的法律指的是？

剛剛提到了犯罪是由法律所規定的，這邊再更深入一點說明吧。

什麼樣的行為會構成犯罪？做出犯罪行為之後會受到什麼樣的刑罰？主要都是由「刑法」所規定的，而之所以會寫「主要是」，是因為不單唯獨刑法有制定相關罰則。

在刑法以外制定刑事罰則的法律稱為「特別刑法」，具代表性的法律有興奮劑取締法、槍砲刀劍類等取締法（槍刀法）以及賣春防止法等[1]。特別刑法的名稱制定都是光看名字就能知道犯罪的種類[2]。

刑法罪犯可以分成6種

觸犯刑法的人稱為「刑法罪犯」，大致上可以分成3類。

①傷害他人身心/箝制他人自由之罪
②奪取他人財產之罪
③與公共秩序或國家存亡有關之罪

①指的是殺人、傷害、強盜及縱火等；強制性交等的性犯罪也是屬於這一類別。②為竊盜、詐欺、瀆職，還有偽造以及器物損壞等等。③則為妨礙公務以及侵入住居等等。

另外，根據日本警察廳[3]的統計，刑法罪犯可分類為右頁所列的6種類型。

譯註1：台灣則為貪污治罪條例、毒品危害防制條例、槍砲彈藥管制條例等。
譯註2：台灣的特別刑法都會加上條例。
譯註3：等同於台灣警政署。

刑法罪犯的六種分類[4]

①兇惡犯罪

殺人、強盜、縱火以及強制性交等。

②暴力犯罪

暴力行為、傷害、脅迫以及恐嚇等等。

③竊盜犯

竊盜

④智慧犯罪

詐欺、侵占[※]、偽造以及瀆職等。

※扣除侵占脫離物罪。

⑤風俗罪

賭博、猥褻等。

⑥其他刑事犯罪

妨礙公務、侵入住居、非法拘禁及毀損等。

※根據警察廳《警察白皮書》的分類所製成。

譯註4：此為日本警方的分類，台灣並未使用。

只有罪犯，犯罪是不會成立的

為什麼會有犯罪

「犯罪」有很多種類，這些罪也都是由法律所明確規範，這就是前一節提及的內容。

但是，如果被問到以下問題的時候，各位會怎麼回答呢？

為什麼會有犯罪？

「因為有『罪犯』吧？」

「沒人去做壞事的話，就沒有犯罪啊」

也許確實是這樣沒有錯，乍看之下好像是個很有說服力的回答，其實犯罪心理學的見解稍微不同。

只有「罪犯」，犯罪是不會成立的，就算有人說「我想殺人」，只要不存在被害者，犯罪就不會成立。

因此，考慮到犯罪成立的條件（犯罪構成要件），犯罪被害者或是犯罪對象物品（不限於人）的存在就是不可或缺的。產生犯罪的大前提，就是加害者必須要遇到被害者。

好的，再回到最一開始的提問。

為什麼會有犯罪？

換個說法，當哪些條件聚集在一起時，會產生犯罪呢？

為了解開這個問題，還需要另一個要件。

那就是「第三者」的存在，第三者指的是「監視者」。

當加害者犯案之前，如果有人注意到的話，就能抑止犯

什麼是「日常活動理論？」

馬科斯・費爾遜（Marcus Felson）

犯罪學的學者馬科斯・費爾遜在他的著書《日常生活的犯罪學》（暫譯，Crime and Everyday Life，日文版由守山正監譯，日本評論社出版）中提到，犯罪不只要有加害者，還需要加上其他複數的條件才會產生。

犯罪＝（犯罪者＋對象－監視者）（場所＋時間）

女性走在「深夜」的「繁華街道」時，遇到犯罪的危險性就會提高。

在以往的犯罪學中，過度單一地在「人」的身上追求產生犯罪的起因。費爾遜的論述不只針對人，他主張犯罪者以及被害者都會受到「時間」以及「場所」這兩個因素的影響，是個劃時代的論述。

罪。

要非常有膽量的人才有在得知已被目擊到了的狀況下仍要做壞事的能耐。很多人應該都是「因為被看到了，還是收手好了」，所以就放棄了吧。

就如同剛剛所提到的，在犯罪心理學中，除了加害者、被害者以外，「第三者」也是很重要的研究主題。

犯罪是在「日常」中產生的

另外，只用「人為要件」是沒有辦法充分說明犯罪的，該項犯罪是什麼時候產生的（時間），在哪裡發生的（場所），也都是重點。

美國的犯罪學學者馬科斯・費爾遜就是根據這些要件提出了一個理論。

他與勞倫斯・E・柯恩（Lawrence E. Cohen）共同提出了「日常活動理論」（Routine activity theory）。

根據這個理論，認為犯罪會在滿足「有動機的犯罪者」、「適合的目標」以及「欠缺有能力的監視者」這三個條件時產生。

集結這些條件的並不是什麼特殊的情況。

犯罪並不會在特殊情況產生，在日常生活中也會發生。

這就是「日常活動理論」的基本思考與論述。

產生犯罪時的三個「條件」指的是？

店員沒注意到

這裡有想要的遊戲軟體

①有動機的犯罪者

②欠缺有能力的監視者

> 當 3 個條件
> 搭配上特定的時間及場所時，
> 就有可能發生犯罪。

容易下手偷竊的狀況

位於店員視線死角的賣場

③適合的目標（位於店員視線死角的賣場）

摸索罪犯的思考迴路

罪犯會放在天平上衡量的利益及風險

「這麼認真的人，怎麼會殺人……」

當案件發生時，新聞報導中經常會出現這種友人或是鄰居的言論。

雖然很容易覺得犯罪只有異常的人才會去做，但其實並非如此。實際上，身邊那些「普通人」也是有可能變成罪犯的。

1970年代末，犯罪學學者德爾克・柯尼遜（Derek Cornish）以及羅納德・克拉克（Ronald Clarke）將從經濟學發展而來的「理性選擇理論」應用到犯罪學。這個理論認為，犯罪者在犯罪時，會考慮利益、報酬以及失敗時的風險與成本，再以理性的方式選擇犯罪的場所及方法。

比如說，入侵住宅的竊盜犯在評估時，比起報酬會更重視風險的重要性。因此，只要有可能會被發現並報警的風險存在，就會傾向放棄入侵。

提高扒竊成功率的方法是？

以前紐約地下鐵有很多幫派的塗鴉，當局以法律等方式嚴格取締卻完全沒有效果，最後是以徹底清除塗鴉的方式，才成功撲滅這樣的行為。

對於幫派分子來說，塗鴉的目的在於宣示自己的地盤並

罪犯會理性地做出判斷

犯罪者會根據犯行，將
可獲得的利益以及失敗
時（被捕）的風險進行
比較。

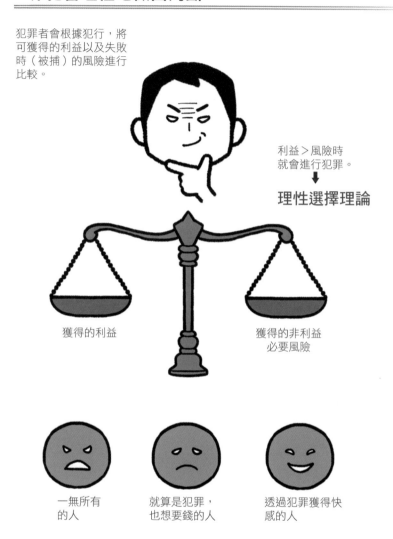

利益＞風險時
就會進行犯罪。

理性選擇理論

獲得的利益

獲得的非利益
必要風險

一無所有
的人

就算是犯罪，
也想要錢的人

透過犯罪獲得快
感的人

➡ 預期利益往往大於風險

理性選擇理論指的就是罪犯會根據理性來判斷犯罪與否，但是，並非
單靠這個理論就能説明所有的犯罪行為。

藉此誇耀自己的主張。為了要消除此一「利益」象徵，地鐵公司採取當一發現塗鴉時，即使只有一個也立刻將其清除的行動。結果，幫派不再有犯罪（塗鴉）的好處，也因此讓車內可以保持著原本乾淨的模樣。

如果把塗鴉當作是一種毀棄損壞罪來看的話，也應該可以看成具有快樂犯罪的因素。對於幫派而言，地鐵已經不會再產生「利益」，因此就會將塗鴉目標轉向建築物或公共設施，這個轉變就是理性選擇後的結果。

此外在倫敦地鐵中，曾發生某位扒手利用了「注意扒竊」的警告標語實施犯罪的前例。

乘客看到標語時，通常會馬上把手伸進口袋，檢查錢包是否還在，扒手就是透過這個動作來確認目標的錢包位置後，再下手偷竊。

扒手為了找出錢包的所在位置而觸碰目標身體時，此舉很顯然會提高犯罪風險，但上述那個方法，就能在迴避風險的同時提高得手成功率。

「理性選擇理論」指出罪犯的行為中也有理性存在，這個理論後來也變成了犯罪側寫的思考方式之一。

也是有無法用「理性選擇理論」說明的犯罪類型

罪犯會在有限的狀況中即時做出最好的行動。即便處境危急，也能在有限的時間、情報以及資源內，以理性的方式作出抉擇，這就是選擇理論。比如說「理智斷線的意外殺人」，乍看之下像是一個衝動行徑，但實際上則是會瞬間在「保護自己」的利益以及「危害到自己的」風險之間進行思考，最後才選擇了殺人這個舉動。

有「吸血鬼」之稱的連續殺人犯

理查德‧切斯（Richard Chase）

他是一名自1977～1978年間，於美國加州犯下包含兒童在內的六起命案的連續殺人犯。在殺死被害者之後，會喝下他們的血，因此被稱為「沙加緬度的吸血鬼」。於1979年被宣判死刑，隔年獨自在單人牢房內吞下大量抗憂鬱藥自殺。

　　當然，光只有理性選擇理論是無法說明全部狀況的。例如，無視風險、也沒有辦法獲得充足報酬的連續殺人案，就是一種非理性選擇所產生的犯罪。

　　1970年代末，理查德‧切斯在美國殺害了六個人就是典型的代表案例。

住宅區真的安全嗎？

感覺安全的地方其實最危險

雖然很突然，但這邊想要提問一下。

請問最容易出現飛車搶劫的地方是哪裡呢？

①人來人往的商圈

②銀行以及便利商店的外面

③恬靜的住宅區

答案是③「恬靜的住宅區」。

看日劇時，經常可以看到有人在商圈遭遇飛車搶劫，慌張追逐犯人的場面。但是，現實裡是不可能在人來人往的地方引發案件的。

一旦人多的話，就會被清楚地目擊長相，而且也會提高被壓制的風險，因此①是行不通的。

確定目標領錢之後再進行搶奪是犯罪者常用的手段，因此也有人會覺得②是正確答案吧。

但是，若是慎重型的犯人，就不會出現這種有勇無謀的作法。銀行和便利商店附近大都會有監視攝影機，因此進行犯罪時就會被清楚地拍到臉。

所以，②也是不行的。

飛車強盜犯什麼時候會開始行動？

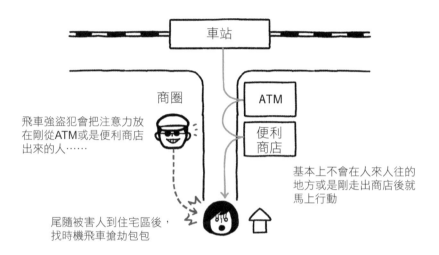

飛車強盜犯會把注意力放在剛從ATM或是便利商店出來的人……

商圈

車站

ATM

便利商店

基本上不會在人來人往的地方或是剛走出商店後就馬上行動

尾隨被害人到住宅區後，找時機飛車搶劫包包

飛車強盜犯於犯行時在想什麼？

瞄準有錢人可能會出現的地方，像是高級住宅區等。

犯行大多是出現在禮拜五以及禮拜一（選擇禮拜五的理由是因為想要週末玩樂的錢；禮拜一則是因為週末把錢花光的關係。）

將目標鎖定在從車站走出來的人，尾隨到人比較少的地方時就會進行搶劫。

有52％的犯行是在自宅半徑500公尺內發生的。

＊表格是根據兵庫縣警察的網站資料所做成

那麼，為什麼飛車搶劫大部分都是出現在住宅區呢？

最近幾乎看不到站在路邊閒聊的女性，也沒有在外面遊玩的孩童，外出的人變少了，而因為「人煙稀少」這一點，「恬靜的住宅區」對於犯罪者來說反而成為了最佳場域。

順帶一提，罪犯行動的時機都是在被害者進入家門之前，這應該是利用了人們在靠近自己住家的時候就會開始降低戒心的心理吧。

事實上，罪犯不會一開始就在住宅區埋伏，而是會先在超市、便利商店以及銀行前面等地點觀察從那些地方出來的人，然後把目標鎖定在看起來好像很有錢的對象身上，暗地裡跟蹤，等到目標進入到住宅區之後，再慢慢地縮短距離。

荒廢的建築物會引來犯罪？

各位知道什麼是「破窗理論」（Broken windows theory）嗎？

這個理論指的是當窗戶的玻璃破掉時，一直放著不管的話，該棟建築物就會被當作是無人管理，其他的窗戶也會被打破，最後，附近地區就會開始荒廢，變得容易引發犯罪。

紐約從1990年代中期開始，將地鐵中的塗鴉徹底清除後，成功減少了犯罪的發生。如果說因為環境荒廢而導致犯罪增加，那麼反過來也是有效的。

最近與日俱增的空屋率已經變成了全國性的問題，住宅區也不例外。

如果無人管理的空屋增多時，就等於變相提供容易犯下罪行的空間。

環境惡化常從一扇破窗開始

[照片來源：123RF]

當放著一片破掉的窗戶不管時，就會給人那棟建築物無人管理的印象，衍生到整個地區全體環境的惡化。因此，透過取締輕微的犯罪，就能防止兇惡犯罪的產生。這就是美國的犯罪學學者喬治‧凱林（George L. Kelling）所提倡的理論。

增加的空屋會變成犯罪的溫床？

空屋每年都在增加，在2018年出現了相較以往的最高紀錄，約有849萬戶空屋（根據日本總務省「平成30年 住宅/土地統計調查」）。當無人居住的家屋增加時，也有可能會變成入侵住宅以及縱火的原因。

是「環境」催生了犯罪嗎？

亞伯特・班杜拉的波波玩偶實驗

經常聽到暴力有連鎖效應。有個說法是若曾在孩童時期受虐，那人也會對自己的小孩施暴。那麼，實際上的情況又是如何呢？

加拿大的心理學者班杜拉（Albert Bandura）在1960年代進行了一個知名的「波波玩偶」實驗，驗證了人類是透過他人的行動來學習的。順帶一提，所謂的波波玩偶指的是一種充氣的塑膠玩偶。

實驗中，把孩童們分成A～C三組，接著，讓所有的小組都觀看大人示範組咒罵玩偶、毆打，以及大踹玩偶的影片。

之後，再給A組看示範組被稱讚的影片，B組則觀看示範組被懲罰的影片，C組則是什麼影片都沒有看。

接著讓孩童進入到放置玩具的房間，並觀察他們的行為後發現，B組的孩童最少攻擊波波玩偶，A組和C組都對玩偶展現出攻擊性的行動。

其中，A組的孩子們對於玩偶的攻擊甚至比示範組的大人還要更為激烈。

值得注意的是，當孩童看到攻擊性的行動時，他們不止模仿，而且攻擊性還更為加強。

由此可以得知，在暴力行為被允許的環境中成長的孩子，也非常有可能成為會使用暴力的人（但不一定會是如此）。

激化過的兒童暴力

波波玩偶

把孩童分成三組後，開始播放影片

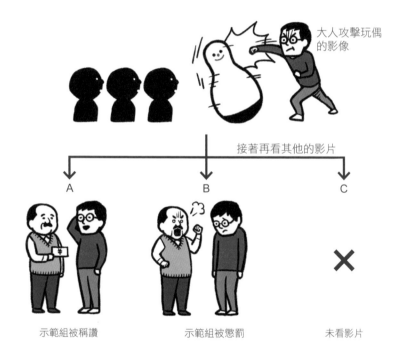

大人攻擊玩偶的影像

接著再看其他的影片

A

B

C

示範組被稱讚

示範組被懲罰

未看影片

之後，觀察孩童們的行為，發現A組的孩子們出現了比示範組更為強烈的攻擊性。

家人互相殺害的異常事件

當讓人處在不斷重複的暴力、虐待等異常行為的環境中時，無論是怎麼良善的人都會誤入歧途。

2002年發生了「北九州連續監禁殺人事件」。

名為松永太以及緒方純子的一對情侶為整起事件的核心角色。主犯松永一邊操控純子的心靈，一邊將很多人捲入類似家族般的共同生活中，最後讓有血緣關係的家人們相互殘殺，這是一件非常淒慘且無法理解的事件。

最初，兩人將目標鎖定在一位男子身上，以投資為由將他拉入同夥，後誘使他與妻子交惡，在他與妻子分居之後，就住進了松永家中。

松永與純子一邊虐待那名男子，一邊從他身上奪取大量金錢，男子最後衰弱至死，接著兩人再教唆男子的女兒肢解父親的遺體並負責處理後續。後來，松永也開始對純子投以懷疑的目光，他以「純子殺死了男子以及其妻子」脅迫純子的家人。自此之後，松永不僅從純子家人身上詐取鉅額款項，還讓純子家人互相對彼此施以電擊、拳打腳踢等暴力行為，使他們反目成仇。

松永從不曾親自下手，而是操作純子以及其家人的心靈，讓他們自主地相互殺害。

應該有人會想：「家人團結在一起對抗松永不就好了嗎？」之所以無法做到這件事，正是因為這些人的身心已經被暴力所控制了。

因為這些異常的日常生活，所有人都喪失了抵抗的氣力，也失去殺人是不對的常理判斷能力。

洗腦與心靈控制的差異

洗腦

使用虐待、拷問、逼使其服用非法
藥物等暴力手段，藉此支配對方

心靈控制

觸碰對方心中脆弱的部分，讓人因
為不安及恐懼改變思考方式

　　奧姆真理教所引發的一連串犯罪，也可以說是有著類似的
組成要素。不論是在教團內殺人的犯人、抑或是地鐵沙林毒氣
事件的犯人，都是因為在異常的環境下，受到心靈控制而贊同
殺人行為的狀態（請參閱P.72）。

　　就像剛剛所提到的，不管是什麼樣的人，當他處於這種特
殊狀況時，就會喪失正常判斷是非的能力。

你阻止得了犯罪嗎？

40位乘客卻沒人阻止犯人的事件

「如果遇到犯罪現場，絕對不會裝作沒看到！」

真的能夠這麼肯定嗎？

2007年，在特急電車內發生了一起女性公然受到強制性交的事件，而且令人震驚的是，事件發生當下，車內約有40名乘客，其中也有人目擊到加害者威脅女性並強拉其進廁所的現場。

但是，卻沒有半個人加以阻止，也沒有人通知車掌，結果，女性徒然抵抗之後仍不幸受害。

當然，也有些乘客發現了問題，但那些乘客中，有人因為聽到加害者說：「看什麼看！」的威嚇後，恐懼到無法出手援助，也有些乘客表示「以為是情侶之間的吵架」，甚至也有人以為「應該有人會通知車掌吧」而自始至終都無動於衷。

為什麼會變成這樣呢？

姬蒂・吉諾維斯的悲劇

1964年，在美國紐約州有一位名為凱薩琳・吉諾維斯（暱稱姬蒂，Kitty Genovese）的女性，她在凌晨回到公寓時遇到暴徒攻擊而遇害。

這個事件異常的部分在於明明就有目擊者，而且犯人還多次離開後又返回現場，最後被害者仍因受到犯人不斷的攻

為什麼對被害者袖手旁觀？

加害者威脅女性被害者並將其帶進廁所，施以暴行。車內尚有約40位旅客，但沒有任何人採取行動。加害者另外還有引發兩起同樣手法的事件。

擊而導致死亡。

　　她在一開始被暴徒刺傷背部時，就已經大聲呼救了，那時，有一位居民打開窗對她怒吼，犯人也因此離開了現場，但當窗戶中的燈光消失時，他又回到現場再度刺傷姬蒂。

　　聽到慘叫聲後，建築物中又有燈光亮起，犯人又離開了現場，但是後來他又再度返回，朝頸部等部位攻擊而造成致命傷，等到警察趕到時，她已經失去了呼吸心跳。

　　後來這個事件被稱為「姬蒂・吉諾維斯事件」，是旁觀者允許犯罪發生的案件中最具象徵性的一起。

　　如果一開始大吼的人有到外面確認姬蒂的狀況，姬蒂應該就能倖存下來了吧，還有其他聽到慘叫聲的人，若之中有人報警的話，也許結果就會不一樣了。

無人採取行動的「旁觀者效應」

　　心理學者進行了某個實驗，將學生分成3組，分別為2位、3位以及6位進行小組討論；過程中讓一位學生演一段假裝發病的戲碼，藉此觀察他們會如何反應。結果，2人小組的2名成員都有行動，6人小組中只有38%的人有所行動。

　　在姬蒂・吉諾維斯事件中，受害者被視若無睹的原因總被歸咎在「都市人的冷漠」上。

　　但是，從這個實驗結果中可以得知，實際上之所以沒有任何人付諸行動的理由是「（除了自己之外）還有很多人看到了」，這就是「旁觀者效應」（Bystander effect）。

　　日常中屢屢可見這種旁觀者效應。

　　最近，在事件現場用手機拍攝的人變多了，這些並未第一時間報警或是打電話叫救護車而只管拍照的人，都是因旁觀者心理而想著「應該有人打電話通報了吧」。

　　要改變人類的心理是不可能的，所以不應該責難那些不伸手援助的人，重點應該要聚焦於如何才能設計出一套不會誘發旁觀者效應的社會系統。

為什麼人們會「袖手旁觀」呢？

①多數人的無知（Pluralistic ignorance）

會認為「因為周圍的人都沒有行動，所以應該不是緊急事件」

②分散責任
（diffusion of responsibility）

「就算自己什麼都不做，也會有人去做吧」用這種說法來迴避責任

③觀眾抑制
（Audience inhibition）

擔心在行動時「也許會被別人指責什麼也說不定？」，於是放棄行動

④不知道處理方法

不知道該怎麼辦，陷入恐慌

日本最危險、最安全的都道府縣是？

為什麼在愛知縣的竊盜犯最多？

在日本，犯罪數最多的地方是大阪。單以件數來看的話，東京最多，但如果以每十萬人口來換算，最多的則是大阪。在強劫、殺人、猥褻以及縱火這四種案件中，大阪都是第一。飛車搶劫的部分，大阪之前連續九年也都是第一，直至2019年才由東京取代（根據日本警察廳「犯罪統計」資料）。

大阪之所以犯罪最多的原因，可以列舉出來的理由包括對於經濟差距的想法、都會型的商業街區與混雜街區的混居以及不太注意他人行動的性格等。

犯罪也有地域性的差別，比如說，愛知縣入侵民宅竊盜罪的案件數量是全日本第一，這應該是因為移動到大阪以及東京很便利，偷竊後可以馬上逃往大都市躲藏的關係吧。

匯款詐騙則是東京最多，茨城縣則有最多的單車偷竊犯，根據地區不同，相對較多的犯罪種類也會有所不同。

瀏覽日本各個都道府縣警察的網頁時，有時候網頁上會秀出「○○的犯罪率最高」的統計。

事先確認自己居住的區域哪一種犯罪最多，有助於建立防止罪犯的對策。

日本犯罪最少的地方是秋田縣

順帶提及，犯罪案件數最少的地方是「秋田縣」。

犯罪最多與最少的都道府縣

都道府縣的犯罪數量差距與文化背景以及交通便利性等複數的因素有
關聯。

　　秋田縣所受理的犯罪件數只有大阪的五分之一。

　　可能是原本人口就只有100萬人左右，所以實際上潛在的
被害者也較少的緣故。再加上居住環境優良、教育水準位於
日本全國前段班；另外，待在家的時間長，也比較少發生外
出後忘記閉鎖門窗的情況，從這些特徵來看，也會讓這些地
區的人民比較少遇到犯罪。

　　此外，秋田縣三面環山，說不上是交通便利，連結隔壁
縣市的運輸系統不方便，基礎的生活交通網絡也可以說蠻貧
乏的。和愛知縣相比，可以想像得到，這是一個對由外縣市
來的罪犯而言不易活動的環境。

　　就像剛剛所提到的，統計數字的背後都有其根據，試著
去探索那個背景看看，也許會有什麼新發現也說不定。

計程車司機

導演馬丁‧史柯西斯（Martin Scorsese）/1976年/美國

連接兩個暗殺事件的瘋狂故事

◆ 從越南回來，懷抱著孤獨的士兵

1976年上映的電影《計程車司機》，在同年的坎城影展獲得了金棕櫚獎，是一部評價很高的作品，除此之外，以犯罪心理學的視角來看，這個作品也有著非常重要的意義。

雖然此電影的故事來自總統候選人的暗殺事件，不過這一部作品之所以眾所皆知，是因為受到作品故事啟發的青年，也真實上演了暗殺未遂的事件。

為什麼會引發那樣子的事件呢？

故事主角名為崔維斯（勞勃‧狄尼洛飾演），是一位從越南回來的士兵。

電影的故事敘述著備受失眠症困擾的男主角在紐約當計程車司機，但是因為空虛的工作以及沒有朋友的日常生活，他的孤獨感始終無法獲得治癒。

此時，崔維斯認識了一位在下任總統候選人帕蘭汀辦公室工作的女性，但是崔維斯與她的關係進展得不順利，最終導致破局，以此為契機，他選了一個非常極端的行動：計劃暗殺帕蘭汀。

但是，此一行動卻很快地宣告失敗。就像是要將無處宣洩的怒火找地方發洩一樣，崔維斯為了拯救一位在街上偶然遇到的十多歲雛妓艾莉絲（茱蒂‧佛斯特飾演），隻身闖入了保鑣以及管理者所在的住所……。

　　電影集合了許多和崔維斯一樣，在都市生活中找不到前進方向的青年們的共感，因此十分賣座。

◆ 獻給茱蒂佛斯特的暗殺

　　然而，其中一位看完電影的年輕人卻把自己當作是主角崔維斯。

　　他的名字是約翰‧欣克利（John Hinckley）。

　　當時的他25歲，是就讀德克薩斯理工大學的學生。

　　欣克利對飾演艾莉絲的茱蒂佛斯特有著偏執的憧憬，因此，他仿效電影中的崔維斯做出一樣的事，為了向茱蒂表現自己，計畫刺殺當時的美國總統隆納‧雷根（Ronald Reagan）。

《計程車司機》
DVD建議售價：199元（NTD），
發售中
圖片來源：得利影視提供

　　《計程車司機》的劇本原本就是改編自1972年5月在阿拉巴馬州所發生的州長刺殺未遂事件之行兇人阿圖‧布雷默爾（Arthur Bremer）的日記。受到電影影響

的人變得無法區分現實與虛構，變成了真正的暗殺犯。

1981年，欣克利朝著為了演講而到華盛頓特區的雷根總統開槍，子彈命中胸部，所幸沒有成為致命傷，雷根並沒有因此喪命。

雖然欣克利當場就被逮捕，但在之後的法院判決中，以精神異常為由獲判無罪。

這部電影就凸顯單方面向藝人或是名人傾訴好感，甚至是糾纏不休的「瘋狂粉絲」的存在來說，也有著很重要的意義。

第 2 章

罪犯都在想什麼呢？

即使一樣是殺人，動機也不相同

大量殺人與連續殺人的差異是？

當大量殺人以及連續殺人案件發生的時候，大部分的人都會覺得「太異常了，完全無法理解」。

但是，不管有多麼殘忍，這些行為都一樣是由人所犯下，而以科學的方式去分析這些行為的即為「犯罪心理學」。

一般來說，大量殺人案件指的是在同一個場所、同一個時間帶內殺害複數人的事件。2008年加藤智大開著卡車衝進秋葉原的十字路口，將人輾過後，持刀下車一位接著一位地刺殺路人的「秋葉原隨機殺人事件」也是屬於大量殺人案件。

大量殺人案件的犯罪動機大多是因為憤怒或是復仇等，常因情感一口氣爆發而導致萌生想動手殺人的傾向。

另一方面，連續殺人案件則有著一定程度上的企圖，每隔一段時間殺掉一人。例如在2017年所發生的「座間九屍命案」，將想自殺的女性約出來後洗劫其財物、強制性交後再將其一位接著一位殺害，就是屬於連續殺人案件。

因為大量殺人是基於衝動而犯案的，因此犯人並不會抗拒被逮捕，但是，連續殺人犯會為了不被逮捕，進而有計劃地執行殺人，需要花時間才能有所警覺，最後就會演變成「連續」殺人事件。

衝動性殺人與計畫性殺人

於同一個場所、同一個時間帶內殺害複數人的稱為大量殺人（左圖）。
時間拉開，一次殺害一人的就是連續殺人（右圖）。

　　在歐美，3人或3人以上被定義為大量殺人，但在日本，這
樣的案例很罕見，因此，殺害2人或以上就被定義為大量殺人。

大量殺人犯會自殺

　　在日本的大量殺人案件中，被害者與加害者相識的例子
並不罕見，特別是親戚的比例最高，約占全部的六成。其次
是朋友約占三成，不認識的為一成。

　　也就是說，這些案件的發生，可以認定應該是自家內因
為某些麻煩問題而引起的。

　　在美國等地，大量殺人的加害者中，將近有四成的人

在作案後會自殺，由此得知，大量殺人同時也蘊含著特殊的「自殺」（擴大自殺，Extended suicide）意涵。

在2019年所發生的「川崎市登戶隨機殺人事件」中，加害者刺傷自己的脖子，最後身亡。由此可以判斷這也是一起擴大自殺。

然而，在大量殺人案件中也有屬於貫徹思想以及信念而殺人的例外情況，若信念是屬於宗教性或是政治性的話，此稱為「恐怖攻擊」。1995年奧姆真理教所引發的「地鐵沙林毒氣事件」就屬於恐怖攻擊。

在日本，雖然恐怖攻擊事件並不多，但在不滿自我境遇、想要改變世界的想法上，以及對周圍的人或整個世界復仇等這幾點上，似乎是大量殺人的共通動機。

連續殺人犯的動機因為性別而有所差異

另一方面，連續殺人犯則大多是為了自身的愉悅感而殺人。「座間九屍命案」也是一樣，被認為是一起為了滿足被告S的性慾而引發的事件。

即使殺害複數被害者的部分相同，在大量殺人中，欲望的滿足感只有一次，如果動機是性慾衝動的話，就是藉由一次殺害一人的方式，持續地獲得滿足感。

連續殺人案件中，有很多是因為殺人犯認為殺人本身就是愉悅的事，因此手法殘忍，比方像是切碎遺體的離奇醒目手段也是其特徵之一。

在美國，最近的話題是發現了一位名為塞謬爾·利特爾（Samuel Little）的前拳擊手，他殺害了93位女性，為美國史上殺害最多人的連續殺人犯。

殺害 7 位男性的女性連續殺人犯

艾琳·烏爾諾斯（Aileen Wuornos，上圖）是一位於1989～1990年之間殺害了七位男性的美國女性連續殺人犯。她在從事性工作的同時，連續用手槍射殺與她進行性交易的7名嫖客。遭到逮捕後，被判處六件死刑，並在2002年執行了注射藥物的死刑。電影《女魔頭》中，由莎莉·賽隆（Charlize Theron）飾演她波瀾的一生。

　　話說回來，雖然大家都會把連續殺人犯和男性劃上等號，但實非如此，女性連續殺人犯雖然是極少數，不過確實存在（請參考P.54）。

　　例如在美國殺害 7 位男性的艾琳·烏爾諾斯以及在2007年到2009年發生的「木嶋佳苗連續騙婚殺人詐財事件」的加害人木嶋佳苗等，就是女性連續殺人犯的代表人物。

　　但是，女性犯罪者和以性慾為動機的男性不同，有些案件的目的是金錢，也有部分案件是欲利用醫療從業人員的優勢來誇耀自己的力量。

從個人恨意轉變成「誰都可以」

日本殺害30人之大量殺人事件

有人會說「日本兇暴殘忍的犯罪也變多了」，實際上是相反的，殺人之類的兇狠案件反而是正在減少。

當兇殘的事件發生時，媒體會持續不斷地重複播報，也許就是因為這樣才讓人感覺案件「增加了」也說不定。

即使是在進步國家之林，日本每十萬人口的殺人案件數量也並不多，可以說是一個令人安心又安全的國家。之所以鮮少有大量殺人案件的原因，果然還是跟槍械管制有關係吧。

在日本犯罪史上留名的大量殺人案件中，有一個名為「津山30人屠殺事件」的實例。

這是發生在二戰前，位於岡山縣某一村落的殺人事件，同時也是日本小說家橫溝正史的作品《八墓村》的故事雛型。

1938年（昭和13年），當年21歲的都井睦雄用斧頭砍下祖母的頭部後，入侵到村落的其他家宅中，用散彈槍、獵槍以及日本刀等武器將村民接連殺害。犯行約持續了一個半小時，期間都井殺害了30人，接著，他在留下遺書後用獵槍自殺。

根據遺書，裡面寫著因為結核病而無法服兵役的他被村里歧視，以及該村莊仍有夜間偷情的風俗，因此他與多位女性雖有親密關係，卻仍遭受他們冷眼對待的事情。

裡面寫著雖然那些女性們已嫁往其他都市及村莊了，但當他知道他們要返鄉的時候，就決定要執行這次行動。

全世界的殺人案件發生率 國家排行榜

順序	國名	單位（每件/10 萬人）
1	薩爾瓦多	61.71
2	委內瑞拉	59.56 ★
3	牙買加	56.39
4	美屬維京群島	49.27 ★★★
5	賴索托	43.56 ★
⋮	⋮	⋮
168	日本	0.24
169	新加坡	0.19
170	梵蒂岡	0.00 ★★
171	列支敦斯登	0.00 ★
172	摩納哥	0.00 ★★
173	安道爾	0.00 ★★
174	曼島	0.00 ★

＊表格主要根據國際統計／國別統計專門網站「GLOBAL NOTE」的資料，自行製成。各國的資料來源為聯合國的犯罪調查統計（CTS）、國際刑警組織（ICPO）以及各國司法當局的調查、WHO的死因調查資料。（★＝2016年、★★＝2015年、★★★＝2012年）

中南美的國家之所以會列居上位，是因為那些國家內的組織犯罪十分橫行。進步國家如美國為65名（5.32）、加拿大為109名（1.80），接著是法國為121位（1.27）。另外，曼島是擁有自治權的英國王室領地。

之所以會殺死在雙親死後撫養他長大的祖母，是因為他覺得事件後祖母獨自留在村內會很辛苦。

他在事前切斷電線，在漆黑中自己拿著手電筒，一個接一個地殺死求饒的村民，著實是一個非常淒慘的悲劇。

改變風向的附屬池田小學事件

在津山事件更久之前就曾發生過大量殺人事件了，具代表性的案件為1893年（明治26年）的「河內十人斬事件」。

但是，這件事件的起因是金錢糾紛以及感情糾葛，換句話說這是一件帶有個人復仇特質的事件。

和此一事件相比，津山事件屬於在封閉的群體中失去歸屬的人大量殺害群體內不特定多數人的事件。

就算被害者再多，類似事件的範圍最多僅限於共群之中。

但是，2001年發生的大案件就此改變了風向。

那就是「大阪教育大學附屬池田小學事件」。

引發事件的宅間守持刀入侵了小學，並殺害8名孩童（於2004年執行死刑）。

此次事件以後，大量殺人的動機不再僅限於個人的怨恨，而變成了「殺誰都好」的隨機殺人模式，也可以說是殺人的「本質」改變了。

宅間對學歷優劣有著偏執，就像是要為他的偏執背書一樣，他在犯下罪行後的信件中寫到「我接連地殺死了許多的菁英幼苗」。

他對那些被害的兒童們並沒有特別的怨恨，只要是就讀名門學校的孩子，是誰都好。

主張大量殺人是正義

在2016年引發了「相模原市身心障礙者福利院殺傷事件」的植松聖，反而堅信自己的所作所為是正義的。

植松在事前親自將他以報告用紙所寫的信件交給了當時擔任眾議院議長的大島理森，內容長達三張之多。

裡面寫著「我並不是因為想殺害大量的人這種瘋狂的想法，才提出本次的作戰。我要替深藏在全人類內心角落的想法發聲，因而下定決心執行此次行動」（引自原文）。

也就是說，他認為自己的精神「正常」，且主張殺害身心障礙者是正確的。

但是，就算有危害他人的思想，也沒有人會真的實際去殺人，因此這依然是脫離常軌的想法。

就如同前面所提到的，大量殺人事件從殺身邊的人→殺區域中的人→離開地區殺誰都好……，什麼樣的形式都有可能。若社會再繼續複雜化下去，也許大量殺人的動機會朝著沒人可以想像得到的方向變化也說不定。

連續殺人犯不會因罪惡感而苦

14歲少年所執行的連續殺人

連續殺人犯也稱為連環殺手，在連續劇及電影中經常以此作為題材來演繹。

「Serial」的意思是「連續的」，這一個字是前FBI（美國聯邦調查局）搜查官為了描述一名殺死30多位女性的連續殺人犯——泰德·邦迪（Ted Bundy），而開始使用的詞彙。

1997年，發生了一件震撼整個日本的事件，即「神戶連續兒童殺傷事件」，又稱為「酒鬼薔薇聖斗事件」，這個案件可以說是現代日本中最具代表性的連續殺人案件了吧。

兇手殺害了小學男童及女童，男童的頭部被切斷之後放置在國中的校門口，而且，其嘴中還含著犯罪聲明。

聲明用紅色的字寫著：「來吧，遊戲開始了，愚鈍的警察們，試著阻止我吧（以下省略）」此一手法自無須多言，後來更發現犯人是當時年僅14歲的少年時，引起輿論譁然。

犯人少年A不只殺害了2人，另外還用鐵鎚毆打或以小刀刺傷了三位路過的小學女童。

被殺害的男童與犯人曾經見過面，但並沒有任何特殊情感，只是剛好在犯人尋找下手對象時碰巧被他遇到，便不幸地成為了被害人。

「連環殺手」一詞由來的連續殺人魔

泰德・邦迪

泰德・邦迪是美國一位在1970年代至少殺死30位以上女性的連續殺人犯，他的作為催生了「連環殺手」這個名詞。在開庭時，他放棄所有的公設辯護人，自己為自己辯護等行為受到各界注目，並最後在1989年執行死刑。

「酒鬼薔薇聖斗」送到報社的犯行聲明

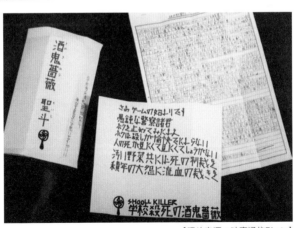

[照片來源：時事通信Photo]

犯行聲明是用非常有特色的紅色文字所書寫，內文中「透明的存在」以及「將一個人殺死兩次的能力」等描述在當時引發了熱議。

女性的連續殺人犯有兩種模式

前面也曾提及現實生活中也存在著女性連續殺人犯。

女性連續殺人犯大致上可以分為「黑色寡婦」以及「死亡天使」這兩種類型。

黑色寡婦類型會與資產家結婚，殺害丈夫後奪取資產。在2007年到2013年間，有三位高齡者被殺害的「氰化氫連續可疑死亡事件」，事件中的被告K就是屬於黑色寡婦類型，當時這個案件被報導出來的時候，「後妻業⁵」也成為了當時的討論焦點。

這起事件會曝光的起因是，有六位透過婚姻介紹所而與被告K結婚抑或進而同居的男子，都在認識被告K數年後死亡，才因此被察覺，被告總共繼承了約10億日幣的遺產。

因「木嶋佳苗連續騙婚殺人詐財事件」而被判死刑的主嫌木嶋，雖然並未正式結婚，但與她交往的6位男性也都因為可疑的原因死亡。在同時期成為話題的「鳥取連續可疑死亡事件」，被判處死刑的主犯上田美由紀同樣是以金錢為目標，也被認為與5名男性的可疑死因有關聯。

「死亡天使型」中，最具代表的例子是1981年在美國德州所發生的護理師珍妮・瓊斯（Genene Jones）事件。

她因為涉嫌殺害約60名嬰幼兒而被判刑（其中已被證實的為2人），目前正在服刑中。

當時，瓊斯被稱為「死亡天使」，她之所以會對孩童投藥，是因為她認為「孩童的狀態正急速惡化，要盡快趕過去

譯註5：指的是以高齡喪偶或離婚的男性為目標，最終目的是透過與之結婚的手段獲取他們的財產。

動機為金錢或渴望被他人認同

黑色寡婦型

以財產為目的，與資
產家結婚，於投保之
後再將其殺害。

死亡天使型

在向患者投藥後殺害之，
有時候也會自己實施急救
措施。

拯救他們的生命才這麼做的」，這就跟消防員其實也是縱火
狂一樣意思也說不定。

　　另外也可以認定其是因為可以左右患者生命而使她有著
一種全能全知的感覺，又或是希望自己的能力得以受到讚揚
所以才做出這些事。

　　另外，在日本橫濱的大口醫院中，也出現了48位患者離
奇死亡，護理師遭到逮捕的事件（大口醫院連續點滴中毒死
亡事件）。

　　這樣子一路看下來，有與性、也有與金錢相關的案件，
不論是哪一種類型，連續殺人案件的特徵就是只要被強烈的
欲望推動，就會接連殺人。

玩弄遺體的最兇惡殺人犯

可怕的快樂殺人魔艾德・蓋恩

離奇殺人事件的特徵是，只有殺死被害者還不足以滿足犯人，甚至要用各種形式損壞遺體。

以下會開始詳細說明，不過接下來的部分都是屬於帶有強烈刺激性的內容，無法接受這些的人建議不要閱讀下列文章。

損壞遺體的手段包含分屍、姦屍以及食人等，做出這種犯行的罪犯，基本上都是透過殺人感到愉悅的快樂殺人犯。

說到快樂殺人犯，最具代表性的就是艾德・蓋恩（Edward Gein）了吧。

艾德居住在美國威斯康辛州的農場，他會到附近的墓園挖出女性的遺體並將其帶回家肢解，接著再把剝下來的皮製成背心穿在身上。

此外，他甚至會不斷地重複將頭蓋骨加工成餐具、將人皮製成燈罩等等的可怕行為。

在搜索他的住家時，發現了15位女性的遺體（其中2位為其所殺害）。他有著「想要變成女性」的欲望，因此常穿著裝有乳房的緊身衣，每天晚上在自己的農場中走來走去。

因為這些內容實在過於衝擊，他因此也成了許多電影及連續劇中的犯罪者原型。

將遺體的頭骨做成餐具的離奇殺人犯

是一位挖掘墳墓後會使用屍體製作衣服、裝飾品以及家具等為樂的離奇殺人犯。被逮捕後雖被判有罪，但被鑑定為患有精神障礙，直到1984年病死為止都是在精神病院裡面度過。《驚魂記》以及《德州電鋸殺人狂》等電影中的殺人犯就是以他為原型。

艾德‧蓋恩

從昭和到平成，震撼日本的連續幼女殺人犯

　　快樂殺人犯會透過連續攻擊、殺害女性及幼童持續來貪求快樂，另外，這些罪犯也有著會將遺體的一部分當作「戰利品」保存的傾向。

　　在1988～1989年之間發生的「東京埼玉連續幼女殺人事件」，犯人宮崎勤（2008年執行死刑）也屬於快樂殺人犯。

　　在告別昭和，年號轉變成平成之際，有4名女童接連失蹤，起因於宮崎誘拐女童並將他們殺害，還將猥褻遺體的樣子拍攝了下來。

　　他把焚燒過後的骨灰寄送給其中一位被害者家屬，甚至分屍女童遺體等，可說是極度殘忍。

　　另外眾所皆知的還有他透過「今田勇子」的名義將犯罪

聲明寄送到被害者住家以及報社，有著現在所謂的劇場型犯罪的犯案過程。

話說回來，當看到這種離奇案件的報導時，應該都會覺得不可思議，為什麼犯人在犯行後還能夠佯裝若無其事，過著日常生活？「難道不會有罪惡感嗎？」這樣的疑問油然而生。

答案是不會。

我的意思是他們「幾乎不會」有罪惡感，雖然這令人難以置信，但當他們實際犯案時，是以如同購物或是玩樂等休閒娛樂心態去犯罪的。因為性慾被滿足了，甚至會想著「好開心」、「下次要怎麼做呢？」。

為什麼不會受到良心的苛責呢？

這就是一個應該要運用心理學來深入研究的主題了。

為什麼會將遺體分屍？

將遺體各個部位切割開的分屍殺人案是屬於離奇殺人案的一種。

因為有很多加害者是透過分屍行為獲得性興奮，因此FBI會將分屍殺人案當作是性犯罪殺人事件來處理。

但是，在日本的分屍殺人案中，有9成以上是因為「湮滅證據」或是「容易搬運遺體」等理性的理由而執行的。如果一開始就打算要分屍，慣犯會在殺死被害者後切斷如阿基里斯腱等全身的肌腱，這是因為先把肌腱切斷的話，就算出現死後僵硬也可以彎曲關節，比較方便搬運的關係。

在2008年所發生的「江東公寓神隱殺人事件」，就是典型的為了銷毀證據而分屍的例子。

　　這個事件的犯人是與被害者女性住在同棟公寓的星島貴德，他在案發後，還堂堂正正地接受了新聞節目的訪談。

　　在事件發生沒多久，警方為了調查，曾進到星島的房間裡面，此時據說被害者還活著。

　　但是之後星島因懼怕事跡暴露而將被害者殺害並且分屍。

　　警方在查案的過程中，再度造訪了星島的房間，那時，某部分的遺體還放置在房間的紙箱內。

　　然而他卻非常大膽地指著那個紙箱問：「那邊也要查看嗎？」因為他光明磊落的樣子，警方並沒有起疑，也沒有調查那個紙箱就離開了。

　　之後，因為在被害者的房間內找到了星島的指紋，於是他被改列為嫌疑犯，但此時的遺體已經被丟至馬桶等地方沖掉，完全沒有留下任何痕跡，星島後來認罪，判處無期徒刑定讞。

　　另外，當女性犯下殺人罪時，為了方便丟棄遺體，有時候也會進行分屍，典型的有在2006年發生的「新宿澀谷菁英分屍殺人事件」。

　　這是一起因妻子無法忍受丈夫激烈的暴力行為，進而殺害就寢中丈夫的事件。殺害後，加害者使用鋸子等工具將遺體肢解，丟棄在東京都內數個場所。

　　這是一個無法想像的可怕行為，但當人越過了「殺人」的那條界線後，對他們來說切碎遺體可能已經很無感了。可以這麼說，為了湮滅證據，分屍也是其中一個合理的選項。

犯罪史上
最知名的 8 位離奇殺人犯

請注意，此項目含有大量刺激內容，
有可能會導致身心不適。

　　在此要介紹世界犯罪史上留名的8位離奇殺人犯。所謂的
「離奇殺人」是指有著詭異、極端的殺人意涵的通稱，並不
是法律上的名稱。

　　對於一般人來說這些均為無法理解的動機及手段，但是對
他們（她們）而言，卻都是有著相對應的邏輯，而研究並闡明
這些邏輯也是犯罪心理學的重要範疇。

　　這裡介紹的每一位人物（事件）都對犯罪心理學研究產生
了很大的影響。

　　其中包括離奇殺人犯彼得・庫爾滕、傑佛瑞・丹墨以及安
德烈・齊卡提洛，三位都是性動機強烈的連續殺人犯，另外，弗
雷德・韋斯特與露絲瑪麗・韋斯特夫妻則是攜手不斷重複殺人行
為……等。

　　他們（她們）的犯行不只是會出現在大部分犯罪心理學教
科書中，在研究現代的殺人事件時，也是非常重要的參考
案例。

　　比如說，查爾斯・曼森是邪教教祖，他所指揮的殺人事件，
成為了解讀日本奧姆真理教所犯下的地鐵沙林毒氣事件的線索。

　　為什麼會有這種型態的罪犯出現？

　　請一定要試著去找出此問題的答案。

彼得・庫爾滕

（Peter Kürten，德國）

1883年~1931年（死刑）

　　庫爾滕出生在德國科隆，在十三位兄弟姐妹中排行老三。父親會在酒後對妻子施以劇烈的暴力行為，因此，庫爾滕度過了一個孤獨的少年時期。

　　他在小學時就是一名會虐待動物並對女童做出性惡作劇的問題兒童，長大後也不曾間斷進行竊盜以及引發暴力事件，工作並不穩定。

　　在30歲時，他潛入民宅勒斃了正在熟睡中的少女，並在用刀連刺少女頸部數次後，做出猥褻屍體的犯行（雖然他是因竊盜罪遭到逮捕，而非因此事件被逮）。

　　從監獄出來後，於40歲結婚。夫妻之間感情很好，鄰居也都給予高度評價，但他卻在暗地裡不斷重複殺人並將被害者屍體切碎的犯行。

　　1930年，庫爾滕為了殺害某位少女，先是邀約她出來，卻沒有將其殺害，而是讓她活著離開。之後是經由少女的友人密告，確定庫爾滕就是犯人，他才遭到逮捕。

　　在法庭上，庫爾滕因為9件殺人案件遭判死刑，另因7件殺人未遂案件判15年有期徒刑，並在1931年執行死刑。

弗雷德・韋斯特與露絲瑪麗・韋斯特

（Fred & Rosemary West，英國）

弗雷德：1941年～1995年（在監獄中自殺）

露絲瑪麗：1953年～迄今仍在服刑中

　　弗雷德自小就受到雙親過激的體罰以及性虐待。他在與第一任妻子結婚後就殺害妻子的友人，之後便開始不斷殺人。

　　另一方面，露絲瑪麗也因持續受到親生父親脅迫與之發生性行為等虐待，在16歲時就逃家。之後認識韋斯特，兩人在1972年結婚。

　　韋斯特在婚後也沒有停止誘拐殺害女性的行為，不只如此，他還對兩人所生的孩子伸出魔爪，加以性虐後殺害。

　　1994年，韋斯特因有殺害女兒的嫌疑，與露絲瑪麗一同遭到逮捕。

　　兩人所住的家在整個事件的全貌曝光後，被稱為「恐怖之宅」，在這棟建築物的地板下以及庭院中挖出了包含他們女兒在內的共12位女性屍體。

　　1995年，韋斯特在監獄裡自殺，遺書中寫滿了對露絲瑪麗的愛戀，另一方面，露絲瑪麗雖否認她與案件有所關聯，然而法院並不相信她的陳述，判處終身監禁，至今仍在服刑。

約翰・達菲

（John Duffy，英國）

約翰・達菲在英國性侵、殺害了18位女性。

他的事件也成為現今世界各地的警察所使用的犯罪側寫開發出來的契機。

達菲從1982年開始，就持續重複著以殘忍方式襲擊女性的行為，其中還包含他青梅竹馬的友人。大部分的女性被害者都是頭部遭受毆打後，手被綁在身後進行強制性交。

由於達菲的這一連串犯行都發生在火車站附近，因此當時的媒體將其命名為「鐵路強姦魔」，令人聞之色變。

當犧牲者不斷增加時，警方聘請薩里大學的大衛・坎特（David Canter）教授來協助調查。在案件發生的1980年代正處於「犯罪側寫」的發展時期，這是一種透過分析犯罪現場中所留下的線索以及地理特徵等來描繪犯人形象的手法，坎特教授以此分析犯罪情報。後來受到逮捕的達菲與教授分析的犯人形象，相似程度高達80％以上。

達菲在1988年時，因殺害2人以及性侵4人被法庭宣判無期徒刑，在法院宣讀判決時強調根據他的惡行「至少也要關30年」。

達菲至今仍在監獄中服刑。

04

安德烈・齊卡提洛

（Andrei Chikatilo，舊蘇聯）

1936年～1994年（死刑）

安德烈・齊卡提洛，別名「羅斯托夫開膛手」，他在舊蘇聯各地接二連三地反覆著無法想像的殘忍殺人事件循環。

齊卡提洛因天生弱視，再加上有著勃起功能障礙等身體殘缺，經常受到嘲笑，故此懷著非常強烈的創傷，也對之後的殺人事件產生十分巨大的影響。

齊卡提洛原本是非常勤勉讀書的人，在學校的成績也很優異。勤奮向學的他以考上知名的莫斯科大學法律系為目標，但後來落榜，苦讀幾年之後，取得了大學畢業的資格，35歲時拿到了教師執照。但是，卻不斷地對學校內的孩子進行性惡作劇，最後被學校辭退。

齊卡提洛首次犯下殺人事件是在42歲的時候，他性侵9歲少女後，以刀刃刺傷並將其殺害，根據他的供述，遺體被丟棄在附近的河川中。

從那時候開始，他開始引誘流浪漢、孩童以及性工作者等人進入森林中，並接連將其殺害。他會分屍被害者的遺體，不只會食用部分遺體，有時候還會將其帶回家。

遭到逮捕後，根據齊卡提洛的自白，供稱其殺害了50位以上的受害者。在審判時，他常以笑臉回應謾罵，或是講出不明所以的話語挑釁被害者家屬，於1994年執行死刑（槍決）。

查爾斯・曼森
（Charles Manson，美國）

1934年～2017年（病死）

　　有著狂熱信仰的邪教集團所執行的連續殺人案件中，最具代表性的應該可以說是查爾斯・曼森了。

　　曼森渡過了一段很不幸的兒童時期，他不知道父親的名字，母親照顧他沒幾年就拋棄了他。從少年時期開始就陸續犯下偷車以及支票詐欺等案件，1958年進入聯邦監獄服了10年有期徒刑，於1967年期滿出獄。

　　曼森回歸社會時，美國正因為反對愈發激烈的越戰而有很多學生投身抗議遊行，使原本的社會秩序產生很大動盪。在這樣的時代背景下，曼森在沙漠的邊緣地帶建立起原始的社區，與他的教徒們展開了集體生活。

　　但是，這個集團實際上是曼森以藥物及性操控年輕女性所建立的邪教集團。

　　曼森主張：「遲早會發生黑人與白人互相攻擊的末日戰爭」並促使他的團眾去殺人。

　　結果，洛杉磯郊外有7人因此遭受殺害，其中一位是演員莎朗・蒂（Sharon Tate），受害時已懷孕8個月。

　　曼森雖被判死刑，但後來因為加州廢除死刑之故，他就一直待在加州監獄服刑，並於服刑期間病死。

06

傑佛瑞・丹墨

（Jeffrey Dahmer，美國）

1960年～1994年（被在同監獄服刑中的受刑人殺死）

　　在連續殺人犯中也有一類是為了追求快樂而會徹底破壞遺體的類型，傑佛瑞・丹墨即為典型代表。

　　丹墨在1978年到1991年間，用殘酷的手段殺害了17人。從他詭異的別名「米爾瓦基的食人魔」就可以知道，他會吃下被害者的肉，而這也成為了當時的轟動話題。

　　據說因為雙親不睦，丹墨渡過了相當陰沉的幼年時期，也或許是受此影響，他從很小就開始對動物的屍體非常感興趣。

　　初次殺人是在1978年，他將搭便車的19歲男性帶回家中，用啞鈴毆打後勒住被害者脖子將其殺害。

　　每次殺人後，他的「儀式」就會升級，有時候還會在被害者活著的時候切開其頭骨，粗暴地試圖從那邊注入藥物。

　　1991年丹墨遭到逮捕並於審判時主張無罪。

　　但是，陪審員判斷「他於犯行當時具有行為能力」，最終判決15次的終身監禁。

　　然而，丹墨於1994年被同監獄服刑的受刑人以金屬棒毆打致死。

克莉絲汀・吉爾伯特
（Kristen Gilbert，美國）

1967年～迄今仍在服刑中

　　雖然和男性相比，女性連續殺人犯的數量甚微，但還是有女性成為連續殺人犯的案例。克莉絲汀・吉爾伯特就是其中一位。

　　當時，她在美國麻薩諸塞州的醫療中心擔任護理師，時常在患者心臟病發作時能夠冷靜地處理，因此醫院同僚以及醫師們都給予相當高的評價。

　　但是在1996年，醫院內卻接連發生了患者病況急轉直下、甚至死亡的事件，有些護理師也開始懷疑起克莉絲汀，因為每當她值班的夜晚，一定會有患者死於心臟病發。

　　醫院中開始流傳是克莉絲汀對患者投下大量的藥劑，促使他們心臟病發後再率先對其執行心肺復甦術。在謠言傳開後，她被冠上「死亡天使」的稱號。

　　1998年，克莉絲汀因涉嫌殺害至少4位患者而被判有罪，並於2001年宣判無期徒刑（現今仍在服刑中）。

　　這個事件中，特別要提到的是用於起訴她的「關鍵」統計分析。針對「患者死亡率特別高，難道是非偶然？」的這一個疑問，是首次有法院採納統計學專家意見的案件。

08

難以理解的犯罪動機

在甜餡麵包裡面藏針的女性的推託之詞

以前曾發生過一件在某急診醫院的商店中販賣的甜餡麵包裡面有針的事件。

犯人是一位中年女性街友，原本她長期夜宿醫院，某天卻被院方驅趕出去，才因此對醫院產生恨意，幸好護理師在吃麵包時有注意到，才沒有造成太大的問題。

我在偵詢那位中年女性時，她說：「我沒錯，趕我出去的人才有錯，這個社會中明明就還有比我更壞的人，跟他們做的事情比起來，我做的事情一點都不壞。」

也許讀者們會覺得怎麼千錯萬錯好像都是別人的錯，也太任性了吧？但其實這意外地是很多犯罪者會狡辯的理由。

罪犯會正當化自我作為

關於不良少年有著會正當化自己行為的傾向，美國社會學學者大衛・馬札（David Matza）提出了「中立化理論」（Neutralization theory，又稱漂流理論）。

這裡所謂的「漂流」指的是不良少年並非一直處於非法的文化中，而是在非法與合法的文化中來回遊蕩的意思。

漂流理論中，介紹了下列五種說詞。

不良少年的強辯之詞

對責任的否定

「因為是被劣質的雙親養育成人」等
藉口，撇清自己的責任。

對損害的否定

「我不是偷腳踏車，只是借而已」等藉
口，否定損害他人物品。

對被害者的否定

「老師傷害我，所以我才打他」
等藉口，認定自己才是被害者。

對責備者的批判

「大人也都在做壞事啊」等，
批判責備自己的人。

為了表現更高程度的忠誠心

「都看到我麻吉被打了，當然不能坐視不
管」，重視自己所屬的團體。

不良少年會用各種理由（藉口）來正當化自己所採取的行動（大衛‧
馬札「漂流理論」）。

- 對責任的否定
- 對損害的否定
- 對被害者的否定
- 對責備者的批判
- 為了表現更高程度的忠誠心

比如說，特殊詐騙（請參考P.170）的犯人就會說：「我讓有錢人的錢循環，有什麼不對？」

這可以說是「對損害的否定」了吧。

我們也會無心說出一些犯罪的藉口，也可以用這五種理論的其中一種來解釋。

因想嘗試殺人滋味而誘發的動機

不過，當然還是有上述五種理論無法說明的動機。

其中一個就是「我想殺人看看」。

當犯人是男性時，會這麼說表示在內心深處應該還是潛藏著有關「性」的動機，但是，當女性說出口時，幾乎就是認真的。

2005年，日本靜岡縣一名女高中生利用化學劇毒鉈毒殺母親，並將觀察過程公開在部落格上，是一個非常令人震驚的事件。女高中生就讀知名的升學型高中，因念的是化學科，而有著相當豐富的藥品知識。

她與母親的關係良好，在日記中也沒有任何與母親爭執的紀錄。

不僅如此，她並非一次性地注射足以致死的鉈，而是慢慢投毒，「媽媽說腳很痛」、「有嚴重的脫毛」、「邊哭邊

寫觀察日記的毒物殺人犯

格拉漢・楊

英國的殺人犯，24歲時使用銻及鉈等毒物殺害職場的同僚。遭到逮捕時，被警方找到一本詳細記錄著投放毒物的日記，但他主張「這是我寫的小說筆記」。1990年在監獄中死亡（心臟病發作），但也有人認為是服毒自殺。

叫說很痛很痛」等文字紀錄，非常冷靜地觀察過程。

　　此外，她有著炫耀自己豐富藥品知識的傾向，日記中寫著負責診治母親的醫師沒有發現到自己的所作所為，且引以為傲。

　　之所以會透過部落格公開，也許是和將犯罪聲明寄送給媒體的劇場型犯罪動機相似。

　　少女在國中的畢業文集中寫下她最崇拜的人是格拉漢・楊（Graham Yang），這是一位英國的毒殺罪犯，他也在日記裡面寫了投放毒藥的事情，少女就是仿效他的所作所為。

罪犯會瞄準人最脆弱的部分

為什麼邪教教團可以抓住信眾的心？

騙人的罪犯有各種不同的程度，從以簡單謊言騙取少量金錢財物的詐騙，到足以改變被害者人生的邪教集團等，可說是五花八門。他們的溝通能力強，擅長運用花言巧語來控制對方。

1978年，在南美洲的蓋亞那發生了一件名為「人民聖殿教」（Peoples Temple）的宗教團體，其900位以上的教徒與教祖吉姆·瓊斯（Jim Jones）一起集體自殺的事件。

人民聖殿教的目標是建立沒有人種以及貧富差距的「烏托邦」，但實際上教團內卻充斥著性暴力、拷問以及強制勞動，而就是因為這些事情快要曝光，才進行了大規模的集團自殺。

人民聖殿教的信眾在全盛時期人數高達近5000位，為什麼這些信徒會如此崇拜瓊斯呢？

大概是因為他讓窮苦的人們，特別是在種族上屬於弱勢的一方進入教團，而那些信眾向教團請求救贖的緣故。

在此之後，為什麼會有這麼多人信奉邪教教團的研究持續有所進展，結論均指向「心靈控制」（請參閱P.33）。

奧姆真理教掀起了一個將整個日本社會捲入的大規模事件，儘管教祖麻原彰晃被處以死刑，但他的弟子至今卻仍持續活動，由此就可得知要解開心靈控制是一件多麼困難的事了。

心靈控制的完整流程

●步驟1
隱藏情報、說謊
隱藏真正的目的，與人建立起親密的人際關係，創造出難以拒絕的狀況。

●步驟2
煽動欲望及製造恐懼感
讓具有魅力的人展露出超乎常人的技巧，使觀者感受到衝擊感。另外以「世界末日即將來到」等言詞，製造恐懼感使其混亂。

●步驟3
思想的超越
如果是多層次傳銷就會說：「只要使用這個商品，你也可以過著美妙人生」透過展現華麗的解決方案來魅惑對方。

●步驟4
操作現實
用「有這麼多人成為會員，而且他們都過著很好的生活」等說詞，並且利用成功人士來包裝，使其安心。

●步驟5
資訊、行動、思考、感情的控制
透過給予真正的利益，以及從未有過的體驗使其認同。

●步驟6
心靈控制完成
把人關進封閉的環境內，或是使其投資大量金錢，讓他沒有辦法回歸原本的生活。

詐騙犯毫不留情的欺詐手段

　　說到騙人的犯罪最典型的例子即為詐騙。

　　儘管媒體已經大篇幅的報導，警方也都時刻提醒民眾注意，卻還是一直有人上當受騙。

　　這是因為深信「自己沒問題」的「正常化偏誤」（Normalcy bias）作祟的關係，越是有自信說出「我絕對不會被騙」的人，越容易上當受騙。

　　特殊詐騙就是一種心理戰，詐騙集團會想出各種不同的新手法來騙人。

　　以前曾經有過年長者識破打來的電話是ATM詐騙，配合警方假裝受騙，進而逮捕犯人的案件。後來詐騙集團就趁勢利用這個案件作為詐騙手法，佯裝成警察表示：「希望您可以協助警方逮捕犯人」使得被害人最後仍被騙走現金。

　　詐騙犯甚至會利用人的親切心理或是脆弱來騙取財物，比如說，女性的利他性強，較願意幫助他人，他們就會巧妙地利用這個心理。過往的「ATM詐騙」就是利用父母擔心孩子的心理進行的犯罪。

　　而在最近，以單身中、高年男性為目標的婚姻活動詐騙也正在增加中，這則是利用了被害者「想要擺脫孤獨」的心理。

逼迫信眾集體自殺的邪教教團的教祖

吉姆・瓊斯

在南美洲蓋亞那的叢林中建立了一座名為「瓊斯鎮」的自治體，表面上他與信眾們過著自給自足的生活，實際上卻是沒收信眾財產，並透過威脅、暴力以及洗腦奪取信眾的自由。在1978年執行了918人以上的集團自殺，瓊斯最終則是舉槍自盡。

中高年齡層的戀愛詐騙受害者有增加的趨勢

以與異性交往為名目的詐欺
被害男性的年齡層

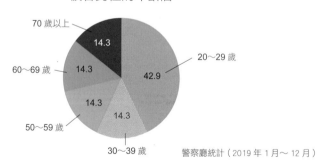

警察廳統計（2019 年 1 月～ 12 月）

希望能夠認識異性而被詐騙的中、高年男性為數不少，根據警察廳的統計，全體受害者中約30%為60歲以上。隨著年長者的婚姻活動增加，被害者的數量也正在上升中。

為什麼教師的性犯罪無法根除？

位於絕對性優位的老師身分

教師、警察、醫師以及公務員等，這些所謂「鐵飯碗」的從業人員因為性騷擾或是偷拍而遭到逮捕的事件層出不窮。

原本應該是要取締（防止）犯罪的人們，為什麼會變成加害者呢？

右頁是將日本全國的學校教職員對兒童、學生犯下的性犯罪資料收集整理而成的圖表。

小學低年級學生搞不清楚老師是否有對自己上下其手的案例應該不少。因此，如果加上黑數（實際發生過卻沒有出現在統計數字裡面的案例）的話，可以推測出實際的案件數量應該會更多才對。

之所以有這麼多由教師所引起的性犯罪事件，也許是因為學校特殊的「封閉性」所帶來的影響。

比方將孩子帶到特別教室等場所，對其他人聲稱：「是為了教育指導所以使用這個場地」的話，門外是不會知道裡面實際發生什麼事的。

更甚者，教師在學校中，不管是年齡、地位都是屬於高支配性的存在。另外，也因為擁有成績的決定權，孩子們難以拒絕其不合理的要求，這一種架構就會製造出教師容易控制孩子的狀態。

教師所犯下的性犯罪情況

進行猥褻行為的時機

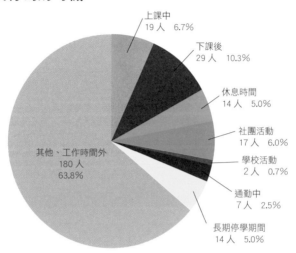

上課中
19 人　6.7%

下課後
29 人　10.3%

休息時間
14 人　5.0%

社團活動
17 人　6.0%

學校活動
2 人　0.7%

通勤中
7 人　2.5%

長期停學期間
14 人　5.0%

其他、工作時間外
180 人
63.8%

進行猥褻行為的場所

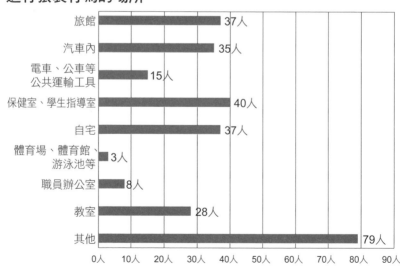

場所	人數
旅館	37人
汽車內	35人
電車、公車等公共運輸工具	15人
保健室、學生指導室	40人
自宅	37人
體育場、體育館、游泳池等	3人
職員辦公室	8人
教室	28人
其他	79人

0人　10人　20人　30人　40人　50人　60人　70人　80人　90人

＊資料來源為文部科學省[6]「平成30年度公立學校教職員的人事行政狀況調查」。這是一個針對公立小
　學、中學、高中以及特別支援學校等學校中的教職員人事行政狀況的調查。「猥褻行為」的定義是強
　制性交、強制猥褻、暴露下體、偷拍以及性交易等。

譯註6：類似台灣教育部。

這裡請讀者回想一下在第一章中所介紹的「日常生活理論」，該理論提到，只要「犯罪者」、「目標」以及「缺乏監視者」這三個條件湊齊，再加上對罪犯有利的時間性、空間性等因素配合在一起，就會有犯罪產生的結論。

目前還沒有辦法判斷是原本就將兒童視作抒發性慾對象的人變成了教師，還是成為了教師後這個傾向變強了，但若是前者的話，因為「目標」就在自己眼前，那麼可以說是什麼時候會出現犯罪行為都不奇怪的狀況了。

原因是警察的特權意識？

警察受到懲處的理由中，最多的就是「不當異性關係」，包含強制猥褻、偷拍以及性騷擾等（2020年2月13日《時事通信》）。

以前曾經有過一起案件，某位警察以因內衣遭竊而報案的女性「是我的菜」為由，而以辦案名目不斷拜訪該女性居宅，甚至對其做出猥褻行為，最後遭到逮捕。

因為警察的職責是取締犯罪者，因此經常行使著很高的權力，是否就是因為如此，所以才容易出現像「這點小事無所謂吧」的扭曲認知呢？

另外，也有人指出當學校及警察遇到這種醜聞時，會傾向隱瞞真實情況、採取視若無睹的態度，就是因為有這種陋習，才會釀成對體制內犯罪的縱容吧。

非常遺憾的是，一向是正義化身的教師和警察都是潛在的犯罪者。

教師和警察容易變成罪犯？

[照片來源：Taylor Wilcox on Unsplash]

[照片來源：Markus Spiske on Unsplash]

[照片來源：National Cancer Institute on Unsplash]

固定一段時間就會有教師、警察、醫師以及公務員的負面新聞出現。有人說是因為「工作中過度的壓力」，但問題不只如此。也有可能是因為目標就在身邊以及容易製造出沒有監視者的狀況，才提高了犯罪的可能性。

高齡者的犯罪正在增加?!

高齡化犯罪趨勢上揚中

雖然日本在先進國家中，總體犯罪數量偏少，但高齡者（本書中指的是65歲以上）的犯罪數量卻有超越其他國家的走向。

探求這個事實的背景，果然還是跟高齡化社會的演變有關係吧。

在日本，65歲以上的高齡者已經超過3500萬人，逐漸逼近占人口總比例30％的趨勢。為數眾多的高齡者不只會有人變成被害者，也會有人成為「加害者」吧。

只是這幾年，高齡犯罪者比例提升的這件事情持續地被媒體拿來報導。

實際上，根據日本法務省所發表的《犯罪白皮書》，從1991年開始，高齡者的犯罪件數就已經是年年上升了。

但是，高峰是在2008年（4萬8805人），再之後則顯示出下降的趨勢。

這樣感覺似乎問題不大，但在2016年之後，整體的犯罪拘提者數量中，每年高齡拘提者的數量都超過20％，之前的資料看起來之所以會呈現出減少的趨勢，是因為與其他年齡層比較對照後出來的結果。

為什麼高齡者會鋌而走險？

其中一個理由是因為情感的抑制機能衰退，而出現導致自

五位罪犯中就有一位是高齡者

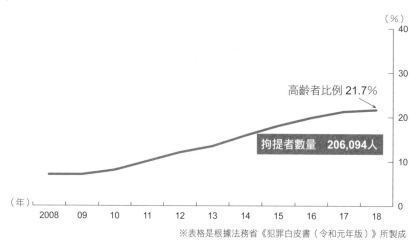

※表格是根據法務省《犯罪白皮書（令和元年版）》所製成

2018年的刑法罪犯（「刑法」等法律所規定的罪犯如殺人、強盜以及竊盜等）的拘提人數為206,094人，其中高齡者比例為21.7%（2008年為14.4%）。假若僅統計女性的人數，則會上升到33.9%。

高齡者的店舖偷竊犯人數正在增加中

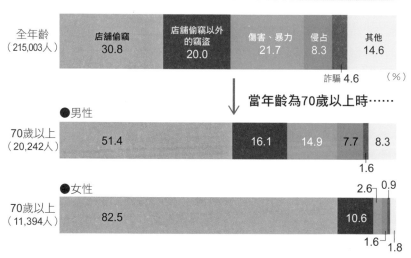

※表格是根據法務省《犯罪白皮書（令和元年版）》所製成。

我主張以及支配性變強等因為年紀增長所產生的特殊改變。

或是因為還保持著「昭和時代」的過時對應方式，不適應對騷擾很敏感的新時代也是可能因素。

「想與人說話」的犯罪動機

高齡者所引起的犯罪中，首先引人注目的即為店舖偷竊。

相較於其他年齡層的案件減少，只有高齡者的店舖偷竊案數年年增加。另外，在高齡者所引起的犯罪中，店舖偷竊的比例也位居遙遙領先的第一名。

在這類型的偷竊案中，最大的特徵是女性高齡者為了排解寂寞而屢次偷竊。

想著只要在店舖偷點東西，就可以跟誰說上話。

也就是說，竊盜行為就只是為了製造可以與人溝通的契機，並不是因為生活窮困而為之。

但是，這樣就認為「原來是因為獨居生活感到寂寞，才會忍不住偷竊啊」，還言之過早。

根據東京都的調查，店舖偷竊犯中，獨居者為56.4%，與家人同住的比例為41.8%，差距並不大。而即使與家人同住，也幾乎沒有對話，和鄰居也沒有任何來往，這就是高齡店舖偷竊犯的真實情況。

如果有著可以輕鬆與周圍交流的環境，也許可以在某個程度上防止高齡者犯罪。

日本社會接下來也會持續高齡化吧。

想到這裡，對任何人來說，高齡者的犯罪就不再是事不關己的他人問題了。

高齡的店舖偷竊犯 五種類型

類型 1
少額、食品類型

70到79歲。偷取的物品從蔬菜、水果等生鮮食品類到泡麵等，品項非常廣泛。特徵是偷竊物品的總金額並不高。

類型 2
相較年輕、高額商品類型

65到69歲。在高齡者中相對較為年輕。會偷取刮鬍刀、牙膏、洗臉用品以及化妝品等，和其他類型相比，特徵是被害金額較大。

類型 3
工具、酒類型

會在五金行中偷取美工刀以及木工用膠水等相對較便宜的工具。另外也有的案例是偷取燒酎、日本酒以及調味料。

類型 4
偏好食品

80到84歲。會偷取起司等發酵食品、羊羹以及巧克力等的甜點類。比起生活必需用品，這種類型的罪犯會偷取非生活中必須的個人偏好食品。

類型 5
便當、配菜類型

85到89歲。會在購物中心中偷取含有飯糰等的便當或是配菜。

※表格是根據越智啟太編著的《高齡者的犯罪學》「第7章 由高齡者所進行的竊盜」（暫譯，誠信書房）所製成。

罪犯有可能改變並重生嗎？

性犯罪者的更生計畫

犯過罪的人有辦法更生嗎？

這是一個非常困難的問題。

根據資料指出，在日本，被拘押的總人數年年都在減少，被拘押的人中再犯的比例約為五成。另外，重複犯罪達五次以上的人約有三成。出獄之後，約有四成的人會在五年內再次犯罪而二度入獄（資料取自法務省《犯罪白皮書》、警察廳《警察白皮書》以及2016年11月1號《日經新聞》）。

閱讀這些資料，就會對「罪犯真的有在反省嗎？」這件事抱持著相當大的疑問。

因為整個社會對有前科的人懷抱著根深蒂固的偏見，更生人很難融入社會的事情一定時有所聞。

當然，監獄中也會透過規律的生活以及刑罰勞動來讓受刑人自我反省，並且將環境整頓成可以幫助他們回歸社會的狀態。但是，每位受刑人所犯下的犯罪種類各有不同，使用同一種對應方式幫助他們更生，還是有其極限的吧。

實際上，有部分的犯罪型態導入了更生計畫，其中一個就是性犯罪。

從2006年開始對受刑人進行性犯罪再犯防止指導，這是一個根據認知行動治療而執行的計畫，目的在於矯正性犯罪者特有的偏頗思考方式（認知扭曲）。

爬升的再犯率

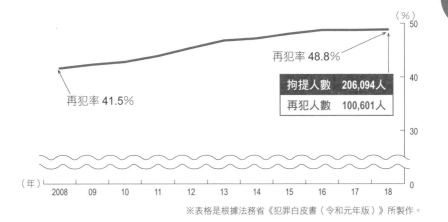

（%）

再犯率 48.8%

拘提人數	206,094人
再犯人數	100,601人

再犯率 41.5%

（年） 2008　09　10　11　12　13　14　15　16　17　18

※表格是根據法務省《犯罪白皮書（令和元年版）》所製作。

此為被逮捕的刑事犯罪（謀殺、搶劫、盜竊和《刑法》等法律規定的其他犯罪）中屢犯的百分比。 2018年再犯人數為100,601人，占總數的48.8%。 與 10 年前（2008 年）的 41.5% 相比，增長了 7.3%。

世界上最人道的監獄

©Justis- og politidepartementet - Halden fengsel

挪威的哈爾登監獄以「世界上最人道的監獄」知名，就如同照片所示，受刑人的房間並沒有鐵柵欄。此監獄的目標是讓受刑人與一般人過一樣的生活，藉此促使他們回歸社會，不過，另一方面也遭受了「這樣是在放縱罪犯」的批判。

這個指導計畫以2004年所發生的「奈良女童殺害事件」（小學一年級的女童遭到綁架且殺害的事件）為契機，由法務省所導入的。因為該事件的主犯小林薰（2013年執行死刑）曾留下對幼兒強制猥褻前科的記錄。

　　以認知行動治療法為根基的治療法中，還有以竊盜癖為主要對象的治療法，在民間醫院就可以接受治療。

　　性犯罪再犯防止指導是採以下的程序執行：

①控制自己
　　找出促使自己出現衝動性行動的因素，並為了防止再度犯罪，建立自我控制的方案。

②發現認知扭曲
　　理解自己的認知是偏頗的，並且進行修正。

③促進行動上的改變
　　在感到自己快要出現衝動行為時，透過深呼吸等舉動來改變行動。

④理解被害者的情感
　　閱讀被害者的手札，或是將被害者當成是自己或是其親人來換位思考。

　　但是，只透過心理學的手法是沒有辦法協助罪犯更生的，當攻擊性主要是來自生物學上的因素，或是要抑制性衝動時，還是需要透過藥物治療或是理解大腦構造的方式來對應。

　　然而，現況是這種做法有著人權上的問題，而且也還沒有辦法完全地確立出具有實際效用的治療方法。

　　到2018年3月為止，有5548位受刑人接受了性犯罪再犯防止指導，但是，接受指導的受刑人中仍有12.8%的再犯率，相較於未接受指導的受刑人的15.4％再犯率，法務省也指出「這並不是個有意義的差距」。

　　我想，這仍是一個尚有改善空間的嘗試吧。

　　除此之外，對於殺人犯以及詐騙犯，目前仍沒有具體有效的更生計畫，特別是經濟犯以及詐騙犯並不是透過修正認知就有辦法處理得當的。

監獄存在的目的是懲罰還是更生？

　　雖說日本的監獄是給予懲罰的地方，但在其他國家中也有很多是以更生為目標的監獄。

　　比如說芬蘭的監獄，其建築物周圍沒有圍牆或是帶刺的鐵絲圍籬，只有低矮的柵欄。

　　如果是在日本，一定會先考慮到受刑人逃走的風險，所以絕對不會使用這種構造的吧。

　　挪威的哈爾登監獄會讓受刑人吃美食、打電玩以及打籃球，有時候也會讓他們在高級床墊上睡覺。美國西雅圖監獄內還有一個讓受刑人可以互相聊天的空間，著實令人驚訝。

　　如果要重新審視受刑人的更生，會不會已經到了該要重新思考監獄存在意義的時候了呢？

　　另外，在更生人出獄後，充實整體社會接受更生人的體制，建立社會上平等待遇的制度……等，也都會是今後的重要課題。

天國與地獄

黑澤明導演 / 1963年 / 日本

催生模仿犯的懸疑電影傑作

◆ 從綁錯人開始的追查犯人故事

《天國與地獄》是黑澤明導演以伊凡・亨特（Evan Hunter，筆名麥德華・麥克伯恩）的小說為基礎所拍攝的社會寫實懸疑電影。

電影的故事講述一位年輕男子打電話到在製鞋公司擔任重要幹部的權藤金吾（三船敏郎飾演）家中。

「我綁架了你的孩子。」

但是，權藤的孩子明明就在屋子裡。

犯人（山崎努飾演）因搞錯對象，誤綁了權藤司機的孩子。

即使如此，犯人還是要求3000萬日圓的贖金，接到權藤報案的警察在變裝後成功潛入了宅邸內。

警察勸權藤支付贖金，而他拒絕了，因為那一筆錢可以讓他在公司的處境變得有利，因此遲遲做不出決定。

權藤最終同意支付贖金，為了交付贖金，他自己拿著裝有現金的提包搭上了特急列車。

在電車中，犯人打電話要求權藤在電車經過鐵橋時，將裝

有現金的包包丟出窗外，權藤只好聽從指示，透過廁所的窗戶丟了出去。

最後，被綁架的孩子平安歸來，但不僅贖金全數被拿走，綁架犯也成功逃亡。於是警方開始傾盡全力追查犯人的蹤跡……。

◆ 接連出現的模仿案件

黑澤導演因為對綁架罪刑罰責過輕一事有著質疑，因此才製作了這部電影。但諷刺的是，電影的上映卻引發了模仿電影犯罪手法的事件。

和電影上映同年的1963年，在東京發生了「吉展小朋友綁票殺人事件」，事件犯人小原保的證言中提到，他是因為看到了《天國與地獄》的電影預告，受到影響後才計畫犯案的。之後以新瀉（1965年）以及名古屋（1980年）為開端，接連出現了多位的模仿犯。

另外還有目前仍為知名懸案的格力高森永事件，其收取現金的方式，有人推測靈感來源正是出自《天國與地獄》。

關於這部電影，筆者還有一點要特別提出來，就是其正確地演繹出警方辦案的方式。

當要求贖金的電話打來之後，擠滿權藤宅邸的警察追查犯人的過程、細節都非常真實，緊張感直到結尾都沒有中斷（可以和韓國電影《殺人回憶》一起比較看看，會覺得日本與韓國警察辦案方式不同的部分很有趣也說不定）。

此外，最近以贖金為意圖的綁票事件正在減少，最大的理由就是犯案需承擔的風險過高。和電影不同，現實中要避開警方的搜查來交付贖金跟人質是非常困難的。在監視攝影機設置地點更加完善的今日，成功率相當地低，對犯人來說綁票已經成為「不划算」的犯罪了。

第 3 章

罪犯是怎麼追捕到的？

警方是怎麼進行調查的呢？

發生案件！此時，警察在哪？

犯罪搜查是想逃脫的犯人與試圖用遺留下來的線索解決案件的警察之間的心理戰。

那麼，假設真的發生了不幸事件，警察首先會做什麼呢？

聯絡警方的首次報案（報案電話110），如果是在東京的話是會接到警視廳，其他道府縣則會由道府縣警方受理通話，並且轉至離現場最近的警察署。

接著，最近的警察署或是派出所的警員就會趕到現場，確認真的有事件發生後，轄區內的刑事警察以及鑑識科就會出動，根據情況，有時也會需要讓擔任重大事件初步搜查的機動搜查隊出動。如果嫌疑犯還停留在事件現場或是周邊地區，就會拘留該人，也會進行受傷人士的救護。之後就會將周圍都封鎖起來，開始進行搜查。

當開始搜查之後，鑑識科會徹底收集現場的證據；刑事警察會聽取報案人以及目擊者的證詞，並向周邊的住戶詢問事件的狀況等，而向管理者要求提供監視攝影機的畫面也是初步搜查不可或缺的動作之一。

另外，國家公安委員會所制定的「犯罪搜查規範」中詳細規定了在事件現場的警方行動。規範中詳定了關於日本警官在進行犯罪搜查時必須要遵守的心態、搜查方法以及手續等。

每17秒就有一通110報案電話

在警視廳管轄內，一天平均約受理5000件的110電話通報。換算之後，等於是每約17秒就會有一通報案電話。但根據東京都統計，這些通報中約有34%是「惡作劇、諮詢或是商量等非緊急的內容」。

犯罪搜查也有相關規範

當進行搜查時，要理解被害者或是其親屬的心情，並且必須要尊重其人格（第10條之2）。

當發現遺留物品以及現場遺留之指掌紋等資料時，必須要在紙上記載年月日時以及場所，並且要有被害者或是第三人的簽名，再加上拍照等以努力確保證據力。（第92條）

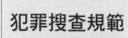

犯罪搜查規範

當警官與嫌疑犯、被害者或是其他事件關係人有著親屬或其他的關係時，或有著會影響到調查的疑慮時，當在獲得上司的許可後，排除於搜查之外。（第14條）

※修正了條文的舊假名使用方法和措辭部分。

「犯罪搜查規範」是警察在進行犯罪搜查時必須要遵守的準則。此規範制訂於1957年，並於2018年時，為了加入認罪協商，修正了其中部分條文。

在現場的行動會左右是否有辦法取得重要的起訴證據來進行審判，因此不允許有違反規範的行動。

鑑識科毫無遺漏地收集現場的證據

那麼，接著就來更仔細地看一下搜查的程序吧。

最一開始會是由鑑識科進行物理性證據收集。

另外，經常在連續劇或是電影中可以看到，刑警秀出警察證件穿越封鎖線颯爽出場的畫面。

但是，這是只有連續劇裡才會有的事情。

因為當鑑識科在調查的時候，維持原狀是現場的鐵則，所以實際上是不會發生這種事的。

事件現場需保持原始狀態直到取證結束前，就算是刑警也被禁止進到現場裡面。

事件的證據則分成兩種，分別是透過訪查得到的與人相關的證據，以及透過鑑識所收集到的物理性證據。

物理性證據為遺留物品、指紋、足跡、微量跡證（毛髮、纖維片等），還有為了進行DNA鑑定的血液、體液以及肉片等。

採取證據時，會在被害者家屬或是鄰居的陪同下進行，此時，鑑識科的照相人員也會協同進行證據的攝影工作，這也是現場採證的一大特徵之一。接著會在指定的用紙上，放上有陪同人簽章的票紙，在何處採取到指紋、在某處採取到足跡……等等的過程，並加上手指指示進行拍照。

這是要透過讓第三人見證，藉此留下警方的鑑識科是以正確方式（非捏造）採取物理性證據的證明。如果沒有這個過程，就算是有利的物證法院也不會承認。

鑑識科比誰都還要早抵達現場

【照片來源：photolibrary】

鑑識科會比刑警還要早抵達事件現場。在連續劇等節目中，都會出現刑警進入鑑識科還在收集物理性證據現場的畫面，但大多數時候，為了確保證據的完整性，現場都是禁止進入的。

可用於DNA鑑定的樣本

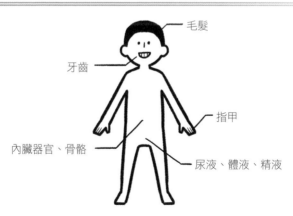

其他還有牙刷、煙蒂、刮鬍刀，或是喝一半的寶特瓶飲料以及使用過的吸管等，也都能當作樣本來使用。

採取指紋的時候家中會雪白一片？？？

物理性證據中最重要的應該就是事件現場的「指紋」了。

因為要從各種物品上面採取指紋，所以竊盜犯進入過的住家等類的建築物內，就會變得到處都是粉末（當然，鑑識科人員會在證據採取完畢之後打掃乾淨）。再從找到的指紋中去除家族、友人以及調查員的指紋，找出不應該出現在現場的指紋。

採取指紋的方法有粉末法、液體法、氣體法以及照片拍攝法等，最知名的應該就是使用粉末的方法了。在有指紋的地方，用刷毛沾上混合鋁粉、石松子、碳酸鉛以及殼粉等的粉末來採取指紋。

現在則是因為科技進步，已經開發出連浸泡過水的兇器也能採取到指紋的技術了。

能夠找出特定人士的不只有「指紋」

每個人的指紋形狀都不相同，而且一輩子不會改變。警視廳開始採取指紋是1912年（大正元年），因此指紋鑑定已經有很長的歷史了。

說到指紋，也許會馬上想到兩手指尖的紋路，但是，手掌中間的掌紋以及腳底的足底紋也都是終身不變，而且每個人都獨一無二的，因此和指紋一樣能夠用於鎮定犯人。

指紋的鑑定並不是要比對指紋中所有的部位，而是比較形狀以及隆線的特徵點（開始點、終止點、分歧點以及接合點），以及相對的位置關係等，現在是只要12個特徵全部吻合就會視為同一人物的指紋。雖然說當犯人是初犯時，直到被

指紋鑑定中可以確認的重點

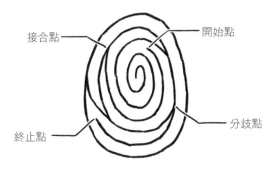

接合點　　　　　　　開始點

終止點　　　　　　　分歧點

因為每個人的指紋都不一樣，而且從出生到老死都不會改變（終生不變），因此會用於特定個人上。在兩個指紋中，會透過如上圖的線（稱為隆線）的特徵以及位置是否一致來進行確認。

用於採取指紋的白色粉末，實際上是？

在採取指紋時使用的白色粉末是石松子以及鋁粉等的混合粉末。「石松子」是東北石松（如照片）的孢子，除了用於採取指紋外，也會在進行果樹的人工傳粉時，當作是花粉的增量劑來使用。

當作是嫌疑犯逮捕為止都沒有辦法比對指紋，但如果是再犯的話，運用電腦裡的資料庫比對馬上就可以找到了。

從足跡就能知道犯人的身高

就算犯罪現場的指紋可以抹去，只要沒有「騰空移動」，足跡就無法消除。

足跡不只會殘留在柔軟的泥土上，現場的地板以及地毯上也會完整地留有襪子（赤腳）走過的痕跡。如果是泥濘道路或是泥土地面的話，就是倒入石膏；如果是室內、混擬土或是瀝青路面，則是透過使用特殊燈光照射找出特定的地點後，使用膠紙採取。

鑑識科人員可以從足跡計算出犯人的數量以及身高。

另外，也可以透過鞋底的痕跡找出特定的製造商，以及推測入侵逃走的方向及路徑。

清楚地敘述事件的現場足跡

從現場的足跡可以知道鞋子製造商、嫌疑犯的身高、性別以及逃走方向等豐富情報。

透過這些跡證找出嫌疑犯後，接下來該怎麼辦呢？

首先會先進行所謂的住宅搜索，扣押嫌疑犯擁有的全部鞋子及襪子。

足跡會呈現出該人走路方式的「習慣」，而且根據承載的體重以及走路方式的不同，鞋底磨損的程度也會有所差異。

因此，就會開始一雙一雙調查留在現場足跡的特徵，以確認是否為嫌疑犯穿著的鞋子所留下的。如果是室內，就會找出與現場殘留襪子痕跡的「編織網目」相符的襪子等，紮實地找出證據。

從煙蒂上的唾液找出犯人

在最新科學技術的搜查手段中，世界上使用最廣泛且實用的方法應該就是DNA鑑定了吧。

現在，日本警方也使用名為「短縱列重複序列」（Short Tandem Repeat，STR）的DNA鑑定方法，有著能夠99.999%推定出目標的準確率。

現場採證到的資料包括血痕、尿痕、汗水以及體液等，從這些資料裡面採取出DNA並且推定犯人。

在2005年京都市伏見區的強盜殺人事件中，就是透過遺落在現場的煙蒂上所殘留的唾液中的DNA推定出嫌疑犯，並將其逮捕的。

雖然可能會有著一根頭髮也能進行DNA鑑定的想像，但目前要從落髮中找出DNA是相當困難的。

偵訊是怎麼進行的呢？

偵訊時沒有出現豬排丼飯的理由

當找到嫌疑犯且此嫌疑犯恐怕就是實際犯人的可能性很大時，警方就會要求「任意同行」[7]。接著，透過訊問的方式來確定嫌疑程度是不是真的很高；另外，當承認犯行時，也會再請犯人說明事件發生的過程。

順帶一提，「任意同行」的意思就跟詞彙裡面的「任意」一樣，是可以拒絕的（但是，就算拒絕也不代表只會要求一次任意同行）。

那麼，要如何才能讓罪犯在偵訊中承認自己的罪行呢？

這裡，就以經常看到的刑事連續劇中的一個場景為基礎，來說明實際上的訊問過程吧。

以前的刑事連續劇常出現在訊問過程中，拿出一碗豬排丼飯給嫌疑犯吃的場景……，實際上並不會發生這種事情。

如果真的做了這件事，就會被懷疑「是不是想要用物品來買收嫌疑犯？」，倘若實際這麼做，就算是拿到了重要的供述，也有可能會無法在法庭上當作證據使用。

若是嫌疑犯希望用餐，一般來說是由他們自己出錢並由警方協助購買。

如果是連續劇的話，也常會有一個場景是請來目擊者，

譯註7：任意同行類似於台灣警方的要求到案說明，日本為自願到案說明，台灣則是拒絕後，檢察官可能會開傳票強制到案說明。

偵訊的方式從專家技巧轉向心理學手法

［照片來源：shutterstock］

在訊問視覺化的過程中，喝斥嫌疑犯以及誘導式提問等的偵訊手段快速減少。現在，為了讓嫌疑犯自行供出自白，均改以使用科學方法訊問。

並透過單向玻璃確認嫌疑犯容貌（指認嫌疑犯）。

雖然看起來會覺得很假，但這並不是連續劇才有的戲劇效果。

實際上，有一部分的警察署中的確是備有裝設著單向玻璃的房間。

會由一名審訊官負責偵察訊問

在日本，「自白」有著非常重要的任務，甚至可以稱為「證據之王」，即使有著強而有力的物理性證據以及情況證據，如果缺乏自白，檢察官也有可能不起訴。

在這個意義上，要如何在訊問中取得嫌疑犯的自白，就是刑警或檢察官展現技巧的地方了。

一般來說，有犯罪嫌疑的人都是一個人面對警察或是檢

察官的訊問。

國外的法律是承認律師有陪同偵訊的權利，但日本法律中還未規定此項權利[8]。

訊問時，警察或檢察官會根據案件判斷律師是否可以陪訊，但實際上是幾乎不能到場陪訊的。

順帶一提，在刑事連續劇中都會有「好警察、壞警察」搭配成一組，一起進行審訊的場景。

也就是一人會用威脅的口氣說：「快說！」另一人就會說：「好了啦」來安撫，不用威脅而是「動之以情」，希望讓嫌疑犯吐露真言的模式。

實際上，這與真實的訊問有著非常大的差異。

通常負責指揮訊問的是一位審訊官，會一邊與嫌疑犯對話，一邊將聽取的內容記錄在電腦中。

偵訊的時間以一天八小時為限

接受訊問的時候，會把嫌疑犯關在拘留所內。從拘留所移動到審訊室時，為了防止其逃亡，會先讓嫌疑犯戴上手銬並在腰部綁上繩子後再帶過去，因此會有一種平常生活中未曾經驗過的情緒吧。

警視廳在2008年發表「警方搜查之適當偵訊指南」。為的是要讓警察不以非法方式進行訊問。根據此指南，訊問時間基本上一天為八小時以內，並且規定不可在深夜時間偵訊，也不可碰觸嫌疑犯的身體等等。

負責訊問的刑警會交付一份上面寫著「預計訊問時間從○點到○點」及署名的表單到刑務課[9]，且在沒有蓋上所屬單

譯註8：台灣目前的法律中，律師可以陪同接受訊問。

偵訊時的禁止行為

- 碰觸嫌疑犯的身體

- 拍桌、丟擲物品（行使有形外力）

- 要求嫌疑犯維持某個動作或姿勢，如讓嫌疑犯保持跪坐等

- 使用會傷害嫌疑犯尊嚴的詞彙，如「去死」、「廢物」等。

※內容取自警察廳「警方搜查之適當偵訊指南」

位的印章前，是無法將嫌疑犯帶出拘留所的。

　　另外，要是超過原本預定的時間，刑務課的負責人就會過來給予警告，要求馬上讓嫌疑犯回到拘留所中，因此在制度上已經足以避免逼迫自白的情況出現了。

　　雖然說拿出證據來說服嫌疑犯自行供述也是很有效果的方法，但訴諸感情也具有同樣的成效。有很多矢口否認犯行或是保持緘默的嫌疑犯，在聽到警方說：「也許把所有的事情都說給這一位刑警聽，心裡會好過一點也說不定」後，就開始自述。

　　但是，在執行適當訊問的前提之下，還必須要客觀地審視自述的過程。最近幾年也開始透過影片紀錄的方式來推動訊問的視覺化。

　　此外，即使審訊官聽取嫌疑犯的說法並寫下筆錄，最後若未讓嫌疑犯簽名的話，這些紀錄也不會被當作是正式筆錄來使用。

譯註9：日本警察單位中的刑務課類似於台灣的刑事警察大隊。

目擊者的證詞可以信任到什麼程度？

目擊情報會因為問題而扭曲

當事件發生時，有一個一定可以收集到的證據，就是目擊者證詞，同時這也是其中的一個人證。聽取剛好目擊到現場的人的說法，盡可能取得更多的情報，例如事件的時間、現場的狀況、嫌疑犯的長相、身體特徵、使用車輛的種類等等。

但是，有一個不能不提醒的大前提。

那就是人類的記憶不一定正確。

比方，在超商突然被一位拿刀的人威脅說：「把錢交出來！」的時候，被威脅的人就會不太記得威脅者的臉，即使是只隔一個櫃檯也一樣。

怎麼可能會這樣？

當人類遇到與自己性命相關的物體（剛剛的例子就是刀）出現在面前時，就會把注意力集中在該物體上，因此就不容易記住其他東西。

這稱為「武器焦點效應」（Weapon focus effect）。

美國的心理學者伊莉莎白·洛塔斯（Elizabeth Loftus）專攻目擊者證詞的研究，相關理論也成為了犯罪心理學領域的固定結構要素。研究中發現，如果不停地反複用「你看到的是這個人對吧？」這種像是要誘導到某個答案的提問的話，目擊者就會改變證詞。

另外，像是目擊到汽車事故的人，在訊問「碰撞時的速

為什麼不記得犯人的臉

在搶劫或是殺人等現場中，當犯人持有兇器時，目擊者對於犯人的長相以及身體特徵等相關記憶就會變得模糊，這個現象就稱為「武器焦點效應」。

度大概是多少公里？」以及問「猛烈撞擊時的速度大概是多少公里？」這兩種情況時，用上「猛烈」一詞的問題所得到的答案會超過原本速度10公里以上。

　　就像上面所提到的一樣，提問者稍微改變一下詞彙的表達方式，就會不經意改變目擊者對於事件的記憶，這稱為「事件後訊息效果」（Post-event information effect）。

由偏見所產生的錯誤目擊資訊

　　我們所擁有的思考方式會對記憶產生影響，1947年在美國所執行的實驗就很清楚地證明了這一件事。

　　這個實驗是先把複數的實驗者集結成一個團體，接著準備了一幅畫，上面畫著在地鐵內坐著的乘客，在乘客的前面

有一位穿著西裝的黑人以及一位拿著刮鬍用剃刀的白人，並且讓團體內的其中一人在短時間內觀看這幅畫。

接著再請這個人將他所看到的內容傳達給沒有看畫的人，最後再問第七位那是一幅什麼樣的畫。

結果，有一半以上的人回答：「黑人拿著剃刀」。

其中還有人說「黑人拿著剃刀揮舞」或是「黑人拿著剃刀威脅白人」。

從這些發言就可以看出來，這些人皆持有黑人都很窮困所以容易犯罪的偏見，而且會因為偏見而說出錯誤的資訊。

雖然這已是半世紀以前的實驗，但是不是應該要讓更多人知道，人類是有可能會因為刻板印象而扭曲事實呢？

由此，即使是事件的目擊者證詞也非常有可能出現同樣的狀況。

對搜查有貢獻的嫌犯畫像搜查官

現在經常會利用到根據目擊者證詞繪製出的犯人像來緝兇。監視攝影機的影像經常不夠清晰，不一定能夠用於推定犯人，不過卻時常在繪製並公開犯人像之後，警方就獲得不少資訊的案件。

犯人畫像是在聽取目擊證人的敘述後，由警察中的嫌犯畫像搜查官負責繪製，在日本，嫌犯畫像搜查官隸屬於鑑識科。

畫像的重點在於從目擊者的證詞中找出犯人的神韻並有效地回推出犯人長相，透過這樣的過程，就可以期待讓原本曖昧的模糊記憶，慢慢回溯成清晰記憶的效果。

但如果只是很會畫圖，也並不見得能重現犯人的容貌，

記憶會因為刻板印象而被扭曲

Fig. 1. Copy of the subway scene used in the original Allport and Postman (1945, 1947) study.

這是由奧爾波特以及波斯特曼所做的心理學實驗。最初看到上方圖片的實驗參與者，在傳達該圖所繪內容給其他實驗參與者時，畫的內容從原本是白人拿著剃刀變成黑人拿著剃刀，黑人還威脅著白人。

因此需要在各個警察管區以及警察大學中接受專門的嫌犯畫像搜查官訓練課程。

其中包含專業插畫繪師指導的課程，或是向資深嫌犯畫像搜查官學習技能知識的課程。

什麼是犯罪側寫？

輔助搜查的側寫師

「側寫」（Profiling）這一個詞彙因為經常在連續劇以及電影中出現，因而已經成為一個廣為人知的用語了。在廣義的概念上是指活用於搜查的側寫手法，嚴格上來說「犯罪側寫」（Offender profiling）才是其正式的名稱。

接受過專門訓練的罪犯側寫專家稱為側寫師。

側寫師是隸屬於各個都道府縣的科搜研（科學搜查研究所）職員，並不是警察，他們也被稱為「心理研究員」，目前日本全國約有130位。大部分都是在大學研究所中就讀過心理學的人，會與受過相同訓練的警察共同分析情報。

犯罪側寫的目的不是推定出犯人，而是僅提供情報來輔助警方更有效率地進行搜查。

犯罪側寫的對象主要是以連續發生的性犯罪、縱火以及隨機殺人事件等，以犯罪狀況的情報較多的事件或是犯人行動有其特徵的事件為主。

日本的犯罪史與犯罪側寫

在日本，開始提高重視運用犯罪側寫的程度源自於80年代末的「東京埼玉連續幼女殺人事件」（請參閱P.57）。

該案件不只是少女接連受到攻擊，犯人還直接將犯罪聲明寄送給媒體，在當時的社會掀起相當大的波瀾，才開始注

為了更了解罪犯側寫的導覽書

[照片來源：早川書房]

《FBI心理分析官：探索異常殺人者們的真相，充滿衝擊的手記》
羅伯特·K·雷斯勒、湯姆·沙其曼（著）/ 相原真理子（日文翻譯）
早川·寫實文庫（繁中版由台灣先智出版）

這是一部描寫破獲無數變態謀殺案的美國FBI行為科學部特別搜查員，
探究連環殺手心理狀態的非虛構傑作，因為這本書而使得「側寫」一
詞在世界上廣為傳播。

意到其他各國在進行連續殺人、強制性交以及綁架殺人等搜
查時會用到這個手法。

在日本，正式編列罪犯側寫預算是在1995年，而在兩年
後，就發生了「神戶連續兒童殺傷事件」（請參閱P.52）。

當時兵庫縣警察搜查本部在事件發生後，以該縣警察科
學搜查研究所為中心，編制了心理層面分析班。分析班內多
數的心理學者提出「會肢解遺體的犯人，很多案例都曾拿小
動物試刀」、「美國的連續殺人犯中也很常看到虐待動物的
案例」等意見。

當時的犯罪聲明看起來像是「受過大學教育所寫出來
的文章」，雖然有意識地使用了困難的漢字，但從寫錯基本

漢字以及筆跡看起來其實相當幼稚，再加上文法的細微錯誤等，綜合分析出了「國中生也寫得出來」的結果。

收到上述的剖析後，搜查本部重新開始注意「某位曾殺害小貓並且分割屍體的中學生」此一情報。在實際逮捕的兩週前就判斷嫌疑犯是一位少年，從而開始進行搜查追捕。

在日本的搜查史上，這是第一次透過正統的犯罪側寫手法，進而縮小範圍並鎖定嫌疑犯的案例。

犯罪側寫的三種分析手法

犯罪側寫中共有三種分析手法，分別是「事件連接分析」、「推敲犯人形象」以及「地緣剖繪」。

「事件連接分析」會預測犯罪者的人物像和下一個行動。在飛車搶劫頻繁發生的狀況下，就會從犯罪的手法以及被害者的證詞中去分析是否為同一位犯人所執行的。

「推敲犯人形象」則是會分析過去類似的事件，描繪出犯人的形象。

比如說，「當連續殺人犯案的主嫌是男性時大多是單人作案」、「當連續縱火的案件範圍在最大300公尺內時，犯人就有很高機率是女性」、「被殺害者是男性的話，犯人有九成以上的機率是男性」、「扒竊的再犯率高」等，比對收集的情報與過去的資料，從而推測出可能性較高的嫌疑犯。

另一方面，「地緣剖繪」則是以推測犯人生活據點以及下一個犯罪地點為中心展開。地緣剖繪的基本理論是「圓圈假設」，指的是在連續犯罪中，犯人的居住地就在兩個距離最遠的犯罪地點所畫出來的圓中。到目前為止，連續性侵事件有86.7%，連續縱火事件有72%的犯人都跟假設一樣，住在

圓圈的範圍內。

2015年在近江八幡市所發生的連續強制猥褻事件中，雖然沒有太多的目擊情報，從地緣剖繪以及與性犯罪有關的側寫分析，仍然縮小了嫌疑犯的搜捕範圍。「年齡在20~29歲」、「有工作」，並推測「縣道沿路」以及「（某個地方的）平交道附近」成為下次犯罪場所的機率很高，根據這個情報，搜查員沿著縣道進行重點巡邏時，有一位正在摸女性下體的男性在發現搜查員之後逃跑，但仍被以現行犯身分遭到逮捕。之後同樣手法的事件就沒有再發生過了。

使用AI的犯罪側寫

警視廳中設有收集了過往案件的犯罪資料庫，稱為CIS-CATS，裡面存放著與各式罪案相關的各種情報，例如犯罪手法、目擊者證詞以及被害者照片等資料。側寫師會使用這些資料來推敲擁有固定行動模式的犯人形象以及行動範圍。

現在，犯罪側寫會使用人工智慧（AI）配合大數據來預測犯罪，在結果上朝著減少事件以及事故的「公共安全」方向前進，這也可以說是目前的世界潮流。

在日本，敝人協助研究的Singular Perturbations公司就開發了預測犯罪的軟體「CRIME NABI」，其成效也深受社會認同。

罪犯會做的行動模式指的是？

對人施以暴力與虐待動物的關聯

犯罪者會依據他自己的理論並採取極度理性的行動。這與我們進行「購物」時的行為並沒有太大差異。

從調查行動原理的分析結果中，了解到各式特定犯罪類型之間有著共通的模式。

我們經常會聽到兇惡案件的犯人，在犯案前就曾不斷虐待動物的小故事。

根據日本少年院的調查，針對是否有虐待動物的經驗，非暴力類的犯罪少年為55%、暴力類的犯罪少年有80%、而一般中學生中則有40%的人回答曾經有過虐待動物的經驗，因此才會以此預測對人施以暴力與其有著緊密的關聯性。

但是，反過來說也不完全是如此，就算曾經虐待過動物，也不代表一定會變成兇惡罪犯。

除此之外，罪犯會勘查場地也是眾所皆知的事情。

他們會在事前勘查某間空屋是否容易偷盜，也會模擬偷竊後的逃脫路徑。

勘查時，他們會變裝成上班族或是宅配業者的樣子，因此沒人會聯想到他們是可疑人物。

「因為看到正在晾的衣服就偷了」的內衣竊賊實際上僅占少數，內衣竊賊的作案手法大都是看到中意的女性後，暫時觀察那位女性的行動並鎖定住所，之後趁該女性不在家的時間侵

空屋竊賊在「勘查」時會注意到的重點

竊賊會避開在圍牆上種有花草以及庭院裡排著盆栽的住宅。因為花是一種會引人注意的物品，容易讓外面的人注意到屋內變化的緣故。另外，庭院內的盆栽被完好地照顧，也代表著住戶會注意到房子周圍的狀況。

入住居行竊。

就像剛剛所提到的，罪犯都會等待犯罪的時機，鮮少有突然就開始犯罪的案例。

經常會聽到「罪犯會返回到現場」這種似是而非的說法，實際上，因為回到犯罪現場的風險太高，通常是不會再靠近的。

但是，連續縱火犯確實會暗中看著火勢延燒，觀賞他的「成果」，再加上看著現場騷動的人群對犯人來說，會是一個可以讓他感受工作完成、獲得成就感的一個場域。

使用監視攝影機可以減少犯罪嗎？

中國的徹底監視社會

日本在全國共設置了約500萬台犯罪監視攝影機。

和日本相比，隔壁的中國設置了2億台監視器，預計在2022年達到27.6億台。因為臉部辨識系統的進步，雖然說在抑制犯罪上具備相當程度的幫助，但也慢慢演變成毫無隱私的狀態。

好比說，把無視燈號的行人臉孔投射到大螢幕上，並且同時把名字以及個人情報都放上去。透過這種方法，不只可以減少無視燈號的行人，也能大幅減少竊盜及扒竊等犯罪發生，根據監視攝影機的使用方式，對罪犯來說也成了一種威脅。

在日本，街頭上的犯罪在2002年達到高峰，之後則開始減少，其中一個因素應該就是監視攝影機普及的緣故。

但是，如果為了減少犯罪而犧牲市民隱私，那就會孕育出監視社會。

關於監視攝影機的過度使用，還必須要有足夠的討論才行。

就算有監視攝影機也不能夠完全安心

罪犯在預計犯行前的勘查時，有時候也會詳細確認是否有監視攝影機以及其位置所在。

2019年，在神奈川的川崎市發生了一件男子持刀接連殺

防範犯罪還是保護隱私？

監視攝影機有著相當強的抑制犯罪效果，但另一方面，也有意見慎重指出這樣是否有侵犯隱私的疑慮。

傷19位小學學童的事件。

　　根據報導，此犯人也曾在犯案前先勘查過現場，但是當天的行動，卻全部都被監視器拍了下來，這代表什麼意思呢？

　　也許犯人在一開始就沒有逃走的打算也說不定，就像剛剛所提到的，如果犯人不怕被逮捕，那麼監視器就失去了抑制能力。

　　不過監視器原本的用途是在犯案後為了鎖定犯人時使用，當然也是有可能會在犯罪時因注意到監視攝影機，而打消犯罪念頭的。但是，如果只看最近發生的兇殘犯罪的話，監視攝影機完全沒有防範衝動行為於未然的效果。

不讓罪犯靠近的社區營造

用自己的手創造出無犯罪的環境

以「自己的居住地區自己守護，創造無犯罪的環境吧」為口號的地區防範犯罪活動，正廣泛地在各地舉辦中。

日本的地區防範犯罪活動，是以美國及英國所提倡的防止犯罪環境設計為基礎發展至今的。

1999年，警視廳發出了「關於守護女性、兒童政策實施綱要的制定」通知，並在2000年制定了「安全、安心的鄉鎮發展推進綱要」。

在綱要中寫到，為了支援防範犯罪志工的活動，警方應該要積極地提供地區的安全資訊、防止犯罪器材的借貸以及對「兒童110之家」[10]的支援等。

此一政策相當有成效，在2000年初開始，日本各地都接連成立了地區防範犯罪活動的組織。

志工們會看守孩童上學以及放學，也會搭乘藍色巡邏車（車頂上裝設有藍色的旋轉燈的民間巡邏車）巡視地區。

在防止地區犯罪中也活用AI

犯罪心理學中有著相當多針對地區防範犯罪的研究以及實踐。比如說，在我曾經擔任防範犯罪顧問的兵庫縣尼崎市

譯註10：「兒童110之家」為日本保護兒童的志工活動，志在宣導當成人遇到兒童綁架、性騷擾以及暴力行為，進而向成人求助時，應該採取何種的行動。

嘗試新型防止犯罪對策

「Patorun」（Patrol Running，巡邏慢跑之義）是一個讓有意願加入的跑者邊跑邊巡視危險區域的防止犯罪活動（認定NPO法人改革企劃），此活動也使用了「社區巡邏」技術。

中，實施了使用犯罪側寫手法的對策後，和2012年相比，2018年的「飛車搶劫」減少了九成，「單車竊盜案」減少了四成。

這是經過收集關於飛車搶劫案以及單車竊盜案犯人的行動資料，從而以統計學並使用地圖分析找出其特徵，再根據這些特徵執行具體的防範犯罪活動後才產生的成果。

現在，地區防止犯罪部分也使用AI作為新嘗試。一個稱為「社區巡邏」（Patrol Community）的APP，會即時收集區域內的犯罪資訊，並透過犯罪分析AI來進行犯罪預測，然後再把最適宜的巡邏路線提案傳送到正在巡邏的志工的手機裡面。

在犯罪持續多樣化的現在，之後應該可以更加期待這類活用AI的防範犯罪活動能達到更好的效果。

有辦法看穿罪犯的謊言嗎？

測謊檢查的三個誤解

犯罪搜查中，會使用俗稱測謊機的多頻道生理記錄儀（Polygraph）來進行測謊。

關於測謊檢查中，有幾個常見的誤解。

【誤解① 測謊檢查是一種可以看穿謊言的工具】

說穿了，測謊檢查單純是一種調查嫌疑犯「記憶」的工具，所以沒有辦法看穿謊言。

用於犯罪搜查的測謊檢查，是透過調查皮膚導電反應、呼吸以及心跳等自律神經系統的呈現，來判斷測試者是否知道只有嫌疑犯才知道的資訊。

也就是說，此調查是針對是否有該事件的記憶，而不是調查是否說謊。

【誤解② 問「人是不是你殺的？」】

檢察官在進行測謊檢查前，會從搜查員那裡獲得證據以及現場照片等案件的資訊，並會為了進行檢查而準備針對性的提問。

思考問題的時候，必須要準備無罪的人不會有反應的題目。因此，題目中不會使用可以透過媒體報導或是警察說明就能得知的資訊，或是其他與被害者有關聯的人可能會知道

測謊檢查的實際樣貌

照片中為測謊檢查的樣貌，透過詢問特定問題時的身體反應，鑑定受測者是否知道關於事件的資訊。

「眼睛的動作」也可以成為找出犯人的線索？

[照片來源：123RF]

眨眼以及眼球運動作為能有效檢測出虛偽的指標而受到矚目。報告指出，在眼球運動的實驗中，當犯人看到的照片是只有犯人才知道的事情時，犯人盯著照片的時間便會有所減少。

的訊息。

　　在進行測謊檢查前，會先將可以測量生理反應的感測器裝在受測者身上，並使用卡片進行預先檢查。

　　就像是變魔術一樣，請受測者從5~6張的撲克牌中選出一張，並請受測者在接受檢察官提問，如「你選的牌是2嗎？」、「你選的牌是3嗎？」時，全部都回答「不是」，再以此來確定反應程度的多寡。

　　即使是正式測量的時候，也會詢問間接性的問題。

　　比如說，假設有一個使用野外隨身刀等銳利刀刃的殺人事件，就會提出類似下列的問題：

　　「你知道犯人使用出刃包丁[11]嗎？」

　　「你知道犯人使用小刀嗎？」

　　「你知道犯人使用短刀嗎？」

　　「你知道犯人使用野外隨身刀嗎？」

　　「你知道犯人使用水果刀嗎？」

　　如果受測者（嫌疑犯）知道被害者是被野外隨身刀所殺害的話，他就會在回答那個問題時產生反應。

【誤解③　當指針大幅度跳動時就很可疑】

　　在電影或是連續劇中，經常可以看到當嫌疑犯在回答問題後，指針大幅度跳動時，就會有人說：「我看穿你的謊言了！」的場景，但這都只是戲劇效果而已。

　　在實際測試中，指針大幅度跳動時會被當作是「噪音」，不會拿來作為參考數據。再加上，現在設備大多都已

經數位化，測量出來的數值都會記錄在電腦裡面。

說謊時，心跳會加速，呼吸速度也會變快，但在測謊檢查中，當回答某個問題時心跳以及呼吸比回答其他問題時要來得和緩時，就會判斷為「有相關記憶」。

以上，就是測謊檢查的真實情況。

順帶一提，前面的提問部分通常會亂數重複五次左右，且因為是很平和地進行檢查，甚至是無罪的人可能會睡著程度那樣地平淡，現場氛圍完全不會讓人感到刺激。

測謊檢查的成果平均大約為90%左右，有著準確率高的實驗結果。

因此也被認為具有相當程度的證據能力，在法院中也會採信測謊後的結果。不過，因為此檢查是屬於非強制的範圍，因此拒絕也沒有關係。

在最近的研究中，開發出了使用眼球運動以及大腦活動狀況的新測謊檢查。

在後者的部分，我們的研究小組使用了從大腦表面的氧氣狀態即時測量大腦活動的技術，成功進行了測謊檢查的實驗。

隨著科技日新月異，也許在不久的未來就會有能夠輕鬆檢查犯罪者記憶的方法出現也說不定。

沉默的羔羊

強納森・德米（Jonathan Demme）導演/1991年/美國

驚悚電影的金字塔

◆ FBI調查員與離奇殺人犯的共同搜查

講到描述連續殺人案件的傑作，應該有很多電影迷會舉出《沉默的羔羊》吧。

這部電影詳細描述一位即使以犯罪角度來說，也相當離奇的殺人犯內心狀態，而在這一點上也堪稱是一個劃時代的作品。

故事是從FBI實習幹員克麗絲（茱蒂・佛斯特飾演）接到一個任務開始。

為了解決在美國各地發生的連續殺人事件，FBI決定諮詢一位後來成為殘忍兇惡罪犯的前精神科醫師──漢尼拔・萊克特（安東尼・霍普金斯飾演）的意見。

這一連串殺人事件主要是多位年輕女性受到攻擊，而且被害者的皮膚都被剝下，十分殘忍，也因為這個令人髮指的手法，犯人被稱為「野牛比爾」。

克麗絲在收容漢尼拔的精神病院中與他見面。

然而，現身的是一位舉止看似紳士，卻是能為了尋找快感而殺人的「怪物」。

當初，漢尼拔拒絕提供協助，後來卻對克麗絲提出了條件交換。

「如果要我幫忙調查，那你要告訴我你的個人資訊。」

克麗絲不得不同意這個提案，即使面對漢尼拔充滿恐懼以及抗拒感，克麗絲仍決定相信足智多謀的他所提出的意義深遠提示。

然而，漢尼拔卻在移轉到其他醫院的過程中，殺害了警官並成功逃獄。

而另一方面，克麗絲根據漢尼拔的提示，慢慢地逼近了野牛比爾。

另外，電影中的殺人魔野牛比爾，是參考著名的連續殺人犯如艾德・蓋恩以及泰德・邦迪（請參閱P.52）等人所設計出來的角色。

◆ 隱藏於罪犯動機背後的深層心理

電影中所講述的時期是FBI執行犯罪側寫的黎明期，從電影中也看得出來當時的搜查手法非常地有意思。

開頭有一段克麗絲在看野牛比爾事件記錄的場景，這一幕可以看得出她正在從尚未整理的照片等混亂資料中找尋線索的情況。這個腦力激盪的過程是用象徵的方式表現出當時的犯罪側寫。

另外，在這個作品中可以看到食人以及剝開遺體皮膚等看似異常的行動，由此能觀察到罪犯過去的心理創傷曾帶給他非

常大的影響。

　　在離奇殺人犯動機的深淵處，有著他所追求的「性幻想」，而電影則是以暗示性的方式描述了這件事實。

第 4 章

家庭內的犯罪

兒童虐待

最親近的家人變成加害者……

一般來說，犯罪的特徵之一是容易發生在其他人看不到的（沒注意到的）地方。就此意義而論，最不容易注意到犯罪被害者的地方，應該就是「家庭內」了吧。

犯罪大多數是由不認識的人所引發的，所以家人就是保護我們免於攻擊的存在……。

大部分的人應該都會有這種想法吧。

但是，在與外部隔絕的家中，對被害者而言，最親近的人也有可能會成為加害者。

比如說，父母親對孩童施暴的兒童虐待、丈夫（妻子）對妻子（丈夫）施暴的家庭暴力（Domestic Violence），或是子女對父母親施暴的家庭內暴力……等等。

在本章節中，會講述上面所提到的三種「家庭內犯罪」。

首先是兒童虐待。虐待指的是以下這些行為：

①對身體施以虐待
②對精神施以虐待
③以性相關行為施以虐待
④放棄養育或是無視

受到虐待的孩童會在肉體上以及心理上受到很大的創傷，導致無法控制情感或是無法與他人建構人際關係等，虐

虐待兒童的諮商案件急速增加中

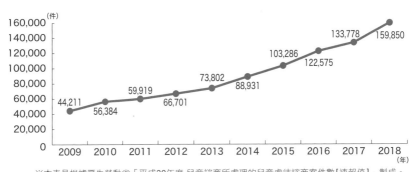

※本表是根據厚生勞動省「平成30年度 兒童諮商所處理的兒童虐待諮商案件數【速報值】」製成。

此表為兒童諮商所接受諮商的案件數量。增加的因素其一是由警方通報的案件數增加，另外則是精神虐待的諮商案件增加等等。

這種行為也是「虐待」

●身體虐待

打
踢
拋擲
劇烈搖晃
故意使其燙傷

●性虐待

對兒童的性相關行為
讓兒童觀看性行為
觸摸性器官（讓兒童觸摸性器官）

●忽視

不讓兒童飲食
不讓兒童清潔身體
生病也不帶兒童去就醫
把兒童關在家中

●精神虐待

言語威脅
無視
偏心其他兄弟姊妹
在兒童面前對其他家人施以暴行

※根據厚生勞動省的分類製成

根據厚生勞動省的調查，件數最多的是精神虐待（55.3%），接著是身體虐待（25.2%）（2018年度的調查資料）。即使精神虐待會帶給兒童非常大的影響，但不容易發現仍是一個很大的問題點。

待所帶給孩童的影響是無法估量的。

只譴責父母親無法解決問題

導致虐待的因素不只有一個。

首先，可以舉出的是家長有著肉體上、精神上的疾病或障礙，以及對育兒的不安和壓力等等因素。

接著，在兒童的部分，也有著如發育遲緩以及教養不易（有著強烈自我堅持、情緒起伏過於劇烈等）的因素。

此外，也有可能是因環境因素所引起的也說不定，如家族有經濟問題的困擾、夫妻之間感情不穩定或是在地方上被孤立等等。

一般認為兒童虐待是由於這些因素複雜地交織在一起所產生，其中，有很多案例的父母親都堅信他們的行為只是「管教」。

當然，不管有著任何理由都不能當作虐待他人的緣由，但是，有些身為加害者的家長也會深受「我正在做錯誤之事」的罪惡感所苦，那是因為他們也是從小就遭受虐待，沒有辦法用暴力以外的手段構築親子關係。

只譴責身為加害者的家長是沒有辦法解決虐待問題的，為了要儘早發現在家庭這一類封閉空間的兒童虐待，接下來的課題便是強化兒童諮商所[12]、學校以及地區之間的連結。

另外，最近也出現了「虐待」需要照護的親父母（養父母）的案件，這個問題和兒童虐待相同，都正在轉變成為巨大的社會問題。

譯註12：兒童諮商所是日本政府根據兒童福祉法所設立的兒童福祉專門機構，全日本的都道府縣都有。主要負責兒童相關的醫學、心理、教育等諮商服務，也會安置有需要的兒童。另外，此法律所指的兒童是0到17歲。台灣的兒童及少年福利與權益保障法中，兒童為未滿12歲之人，少年為12歲以上，未滿18歲之人。

當覺得「搞不好是虐待」時……

通報是發現者的義務

可以匿名通報（可以選擇不公
開通報者、諮商者的資訊）

不需確認（即使沒有虐待情形，
也不會追究通報者的責任）

將覺得也許有兒童受到虐待的案件通報給兒童諮商所等機構時，就稱
為通告。

虐待兒童的母親的所思所想是？

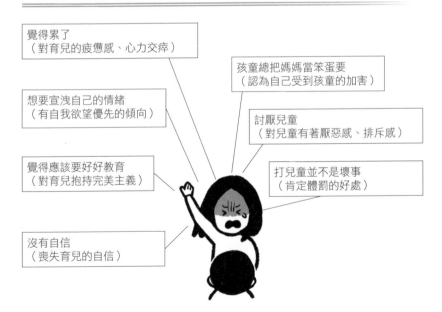

覺得累了
（對育兒的疲憊感、心力交瘁）

孩童總把媽媽當笨蛋要
（認為自己受到孩童的加害）

想要宣洩自己的情緒
（有自我欲望優先的傾向）

討厭兒童
（對兒童有著厭惡感、排斥感）

覺得應該要好好教育
（對育兒抱持完美主義）

打兒童並不是壞事
（肯定體罰的好處）

沒有自信
（喪失育兒的自信）

※此圖表為根據西澤哲所著之《兒童虐待》（暫譯，講談社現代新書），自行編製。

家庭內暴力

「自己沒用都是父母的錯」

「家庭內暴力」指的是孩子對父母施以暴行的行為。

一般來說，身為加害者的孩子具備擁有「自己完全就是個廢柴」的負面情感，以及會認為「之所以會這樣，都是父母的錯」的特徵。這種想法會以反抗父母的形式呈現，最後轉變成暴力行為。

那麼，容易出現家庭內暴力的孩子性格是什麼樣的性格呢？

雖然不能一概而論，但大多有著沒有自信、內向、任性、挫折感以及自卑感強烈等傾向。

另外，也有資料指出另一個特徵是朋友很少以及較為孤僻。

父母的行為也是其中一個原因

話說回來，引起家庭內暴力的原因不是只在孩子身上，父母的態度也是誘發暴力的一大因素。

那就是父母對小孩的過度干涉以及過度保護，或是父親沒什麼存在感，只會裝模作樣地與孩子相處……等，父母的這種作為若再連結到孩童自身的因素，引發家庭內暴力的可能性就更高。

父母很容易在無意識間認為自己所作所言都是正確的，

但是，如果孩子的暴力行為持續出現的話，就必須要有能夠誠實自問「我們哪裡錯了？」的態度。

當然，暴力行為必須要好好地進行管教。

但在這種行為的背後，也一定隱藏著孩子真切的訊息：「希望自己能夠獲得認同」。

情感層面持續維繫，但要保持一定程度上的距離

說是這樣說，但當暴力行為升級至無法忍耐或已經到有生命危險的時候，還是必須優先保護自己，此時要做的事情，還是先與警察或是兒童諮詢所諮詢吧。

雖然說到兒童諮詢所通常會以為是專門處理兒童虐待的機構，但實際上也有接受育兒相關的諮詢服務，也包括以父母為對象的諮詢協助活動。

另外，家庭內暴力會有著只希望在父母與孩子共同生活的狹小世界內解決的傾向。

一邊對親戚或是可信賴的朋友敘述狀況或是心境，同時在心理層面上不與孩子分離，並保持一定程度的距離感來處理這一件事情也是很重要的。

家庭暴力（DV）

家庭暴力有三個循環

　　家庭暴力（DV）指的是受到配偶（包含實際婚姻的伴侶以及情侶）施暴。除了踢打等對身體的攻擊之外，在他人面前痛罵配偶、限制交友關係、監看電子郵件（精神暴力）、不給予生活費用、要求辭去工作（經濟壓迫）、強制進行性行為以及不避孕（性暴力）等都是確切的家庭暴力行為。

　　另外，被害者也不一定都是女性，家庭暴力中男性成為被害者的案例正在與日俱增。

　　家庭暴力的諮詢案件每年都在增長，且有越演越烈的態勢（請參照右圖），而且，這一個調查僅著眼於「對身體的暴力行為」，可以假設如果加入精神暴力的話，被害者應該會更多吧。

　　「明明就遭遇到了毫無理由的暴力行為，為什麼不逃離？」

　　遇到家庭暴力時，經常會有人提出這種疑問。心理學者萊諾爾・E・沃克（Lenore.E.Walker）為大家提出了解答。

　　她發現了被害者與加害者之間的關係會有三個循環，此稱為家庭暴力循環。

　　首先，加害者會因不耐煩而出現身體、心理上小型暴力行為的時期，這個時期稱為「緊張形成期」。為了不要刺激到加害者，被害者會小心注意自己的言行。

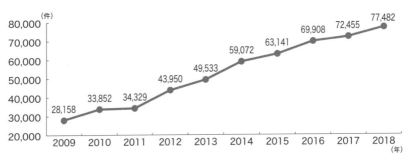

年年遞增的家庭暴力諮詢案件

※圖表是根據警察廳「平成30年度關於針對跟蹤犯案件以及配偶施暴案件的處理狀況」的資料所製成。

家庭暴力循環——為什麼逃脫不了？

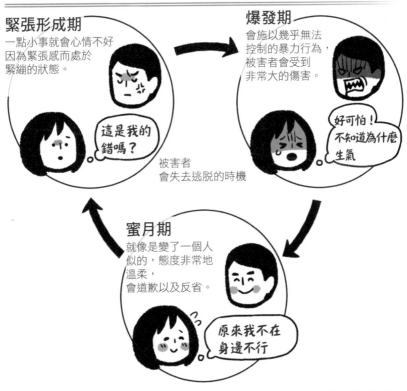

緊張形成期
一點小事就會心情不好
因為緊張感而處於
緊繃的狀態。

這是我的錯嗎？

爆發期
會施以幾乎無法
控制的暴力行為，
被害者會受到
非常大的傷害。

好可怕！不知道為什麼生氣

被害者
會失去逃脫的時機

蜜月期
就像是變了一個人
似的，態度非常地
溫柔，
會道歉以及反省。

原來我不在身邊不行

※圖是根據內閣府「男女共同參與局」網頁所製成。

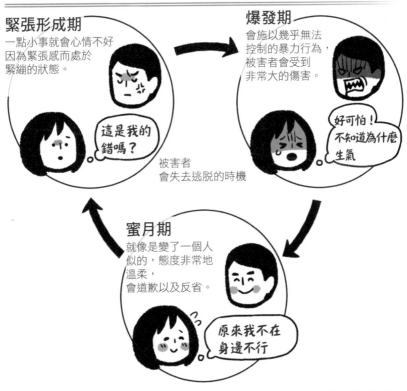

當過了這個時期之後，加害者就會進入「爆發期」，此時加害者會出現激烈的暴力行為，甚至連本人都無法控制，即使被害者懇求也不會停止。

然而，接下來則會進入「蜜月期」。

這個時期的加害者會突然變得溫柔，並會對受害者說：「我錯了」、「我不會再打你了」等話語來懇求受害者的原諒。當被害者相信那些話語並繼續這段關係之後，會再次進入「緊張形成期」。家庭暴力就是這樣子不斷循環。

前述的流程重複數次後，會讓受害者產生「蜜月期」才是加害者真面目的錯覺，進而選擇原諒。

當然，也是有人害怕分手後的報復，或是為了生活費、養育費等而不得不回去的情形。

但是，重要的是被害者會認為「他真的愛我」、「是我讓他對我暴力相向的，是我的錯」，加害者就是巧妙地利用了被害者的這種心理狀態。

就是因為這種支配、被支配的關係會連綿不絕地被強化下去，家庭暴力的循環才沒有辦法這麼容易地被切斷。

美國的庇護所狀況

那麼，對被害者的支援又是如何呢？

在一般情況下應該是要仰賴警方的協助沒錯，但當發生緊急狀況時，則是可以前往如婦人保護設施等類型的公家機關或是民間的庇護所尋求幫助[13]。

但是，日本的民間庇護所才剛組成，和其他國家相比已

譯註13：這是日本的狀況，在台灣則是可以撥打24小時保護專線「113」，或是到各地方政府家庭暴力及性侵害防治中心尋求幫助。

妻子施行的家庭暴力正在增加

在睡覺的時候
潑熱水或冷水

會說：「你是不是頭腦不好？」、
「薪水太低了吧」、
「腦殘會傳染給我」、
「你爸媽怎麼教育你的啊」
……等等的辱罵

在丈夫的西裝上噴番茄醬等
東西，破壞丈夫的自尊

踢飛周圍的傢俱，
大肆破壞

拿菜刀出來威脅

強迫道歉或下跪

※此表格根據Very Best法律事務所以及內閣府的網頁資料所製成。

雖然家庭暴力被害者中女性被害者的數量壓倒性地多，不過男性被害者的數量也逐漸增加中。女性被害者為**79.4%**，與此相比，男性被害者為**20.6%**（2019年 警察廳調查）。也就是五位被害者中，有一位是男性被害者。

經是慢上許多了。

我以前曾經訪問過位於美國西雅圖一個名為「Mary's Place」的庇護所。

此設施成立於1998年，是一個庇護家庭暴力被害者以及無家可歸母子的收容機構。

在我拜訪的當時，大約收留了700人以上的使用者（其中有500位兒童）。

此設施是透過周圍居民捐贈的大量食物和衣物，以及在志工的協助下營運的。

庇護所內設置有兒童遊樂場以及讓孩童接受教育的空間，另外，母親也可以在這裡做瑜伽來放鬆身心。使用者平均會在此設施待上約3個月。

即使同樣都是庇護所，在日本比較容易帶給人一種「隔離」被害者的印象，但是，西雅圖的設施除了採取絕對不讓加害者靠近的嚴格態度之外，還令人感受到一股強烈希望被害者能夠「獨立」的氣氛。

在華盛頓州中的同類型設施，除了西雅圖之外，其他地方也都有，而且數量還不少。

另外，還有24小時的諮商熱線，或是介紹給女性及兒童的支援團體等，提供非常充實的協助。

關於支援被害者的各種協力制度，日本還有很多需要向海外學習的地方。

第 2 部

犯罪的最前線以及防範手冊

我們的生活伴隨著各種危險犯罪。

那要怎麼做才能夠避開那些危險呢？

在此一章節整理了關於「性犯罪」、「跟蹤狂」、「以兒童為目標」及「特殊詐騙」（主要是透過電話的詐騙）等各種犯罪的最新傾向、罪犯的心理以及防範犯罪的提示。

透過使用智慧型手機的新手法?!

就算沒有直接觸碰到身體也是性犯罪

接下來要開始解說我們生活中最容易接觸到的犯罪之最新傾向以及對策，首先是「性犯罪」。

雖然說是性犯罪，實際上也有很多種類型以及程度上的差別。

例如「偷窺」，這是一種透過民家窗戶或是縫隙等地方窺視女性日常生活的行為。雖然目的在於感受性興奮，但除了偷看如廁或是沐浴中等毫無防備樣貌的案例之外，也有光看進食就能夠滿足的案例。

「偷拍」可以說是從偷窺進化後的犯罪，這指的是在商業設施的樓梯或是車站的手扶梯等地方偷拍裙內風光的行為。

以前曾有報告指出有一種能在鞋子尖端裝上超小型照相機，在無人發現的情況下偷拍的手段。

但是現在，使用智慧型手機進行偷拍的手法早已成為主流，偷拍也包含在女廁裡面裝設小型攝影機，拍攝如廁行為。

如果考慮到犯罪內容，內衣小偷（在日本，正式名稱為色情盜竊）應該是要分類到「竊盜罪」，不過這應該也算是性犯罪的一種。

這個名稱雖會讓人馬上聯想到是竊取曬在陽台的女用內衣，但實際上被偷竊的物品不僅限於此。過去曾經發生在夜路威脅女性，搶奪其所穿鞋履的案例，很顯然地，那個人不是對女性產生

偷看個人隱私的「偷窺」

偷窺犯會因為對方沒有注意到自己的行為，或是因為做了一件反社會行動所帶來的背德感，而漸漸地收不了手。

偷拍的現場是樓梯或手扶梯

偷拍犯會使用安裝「消音APP」來消除手機的快門聲，有時候也會在包包或紙袋裡面安裝小型攝影機，因此要格外小心！

性興奮，而是對女性所穿著的衣物、鞋子感到性興奮。

公然猥褻犯的兩種模式

「暴露狂」就和字面上的意思一樣，指的是在夜路或是沒什麼人的地方，對女性暴露下體的犯罪行為。以分類上來說，屬於「公然猥褻罪」。

實際上，暴露狂有著兩種類型。

一種是聽到女性尖叫或是看到女性害羞的樣子後，以此獲得快感的類型；另一種類型是當女性看到下半身之後，對其嗤之以鼻或是投以藐視的眼神，而暴露狂正是想從這裡獲得扭曲的滿足感。

不論是哪一種，暴露狂希望獲得的就是對方的反應。因為只要看到對方恐懼以及害羞的表情就會感到滿足，因此極少對被害者產生嚴重的傷害。

在精神醫學中也有著一個名為「暴露症」（露陰症）的名詞，但這並不代表所有暴露狂都有著這種精神疾病。因為也有某些案例只是想要看到女性驚嚇到的表情，單純把這件事情當作是「玩樂」的一種，因為好奇所以嘗試。

最近，也有報告指出有新類型的「暴露」案例發生，那就是「AirDrop性騷擾」。雖然這個詞裡面有寫到性騷擾，但這並不是指那種會觸碰身體的性騷擾。

「AirDrop」是iPhone獨有的功能，透過此功能可以輕鬆地與附近的iOS裝置（搭載蘋果公司OS系統的裝置）分享照片，AirDrop性騷擾就是透過此功能傳送猥褻圖片到女性的手機裡面。這本來只是一個不透過網路也能夠分享資料的便利功能，卻因為猥褻的目的而遭到惡意使用。

觀察被害者反應的暴露狂

雖然很少暴露狂會攻擊被害者，但一旦不幸遇到，為了避免更近一步被害，最重要的是趕快逃離現場。

傳送猥褻圖片的AirDrop性騷擾

AirDrop性騷擾指的是用iPhone的「AirDrop功能」傳送讓人感到不舒服圖片的騷擾行為。知道了之後，讓人想要現在就從「設定」中把iPhone的名稱改成無法認出個人的名字。

瞄準「灰色地帶」的性騷擾犯

講到性犯罪，第一個想到的應該就是「性騷擾」了吧。

實際上並沒有「性騷擾」這種罪名，而是將行為本身認定

為「強制猥褻罪」或是「違反迷惑防止條例」[14]來處理。

雖然性騷擾沒有伴隨性行為，所以和「強制性交等罪」有所區別，但此一行為仍對被害者的身心造成了相當大的痛苦。

性騷擾犯的手法有：走在路上時從背後觸摸胸部或臀部、從背後緊抱、在電車內觸碰身體以及坐在鄰座時刻意緊貼對方等等。

但是，最近出現了不容易馬上判斷是否為性騷擾的「灰色地帶性騷擾」的被害報告。

例如有人在電車中從後面吹氣、摩擦胯下、用手肘觸碰胸部以及嗅聞味道等等。

其他更惡劣的還有將頭髮含入口中、潑灑體液、剪破裙子以及舔脖子等行為。

強制性交是最惡劣的性犯罪

「性犯罪」中，最惡劣的就是所謂的性侵害（強姦／強制性交）了吧，這是一種以力量支配女性並強制進行性行為的惡劣性犯罪。

強制性交長久以來都是屬於自訴罪，所謂的自訴罪，指的是如果被害者沒有親自提出告訴，這個事件就不會被當作刑事案件來起訴的犯罪。因此，當被害者因恐懼自己遭受性侵害的事情被公之於眾，而獨自在夜裡暗自哭泣入睡的話，加害者就不會被追究他的犯行。

但是，自2017年6月一部分的刑法經過修法後，強姦罪以及強制猥褻罪就不再是自訴罪了（此次修法中也把強姦罪的

譯註14：迷惑防止條例的內容為透過防止對公眾進行明顯的騷擾行為，來維護居民生活安定。類似於台灣的社會秩序維護法。

電車內的灰色地帶性騷擾

緊貼著對方摩擦胯下

將臉靠過來嗅聞味道

手掌交疊

罪名修改成強制性交罪）。

雖是少數，但也有男性的強制性交被害者

在統計上，遭遇到強制性交的大多是10~19歲以及20~29歲的女性，但肯定也有遭遇過強制性交的更年長女性存在。

另外，被害者之中也有男性。

直到最近才終於開始有類似案件的報導出現，這些黑數都是在以前被隱藏起來的事件。

在此想要特別強調的是，男性被害者的年紀大多位於10~19歲之間。

性騷擾犯罪者會針對看起來容易哭著入睡的女性下手

膽大的暴露狂其實是膽小鬼

性犯罪者都在想什麼呢？

如同目前為止所看到的，說是「性犯罪」，也有很多不同的類別。而且，罪犯的特徵也會根據犯罪的種類而有所差異。即使共通的動機都是「想要滿足性需求」，罪犯的形象特徵也不會只有一種。

公然猥褻犯會在人煙較少的地方暴露性器，被檢舉的人中約六成是男性，年齡層落在20歲~49歲之間。從這裡就可以知道加害者是屬於所謂壯年期的世代〔資料來源為警察廳的犯罪統計資料（平成31年1月～令和元年12月『確定數值』），以下同〕。

另外，在三位公然猥褻犯中就有一位有過「偷窺」的經驗，由此也可以推測犯過這兩種罪的人可能有著共通點。

順帶一提，被害者中約八成是未滿20歲的女性，成年女性並不多。這應該是因為對想看到恐懼或是害羞表情的公然猥褻犯來說，沒什麼男性經驗的女性比較容易把情緒表現在臉上，所以才把目標都放在這些女性身上的吧。

在此前也曾提到過，公然猥褻犯追求的是使女性感到羞恥，或是她們投來的鄙視眼光，反過來說，他們也不要求更

暴露狂真的會在入春後出現嗎？

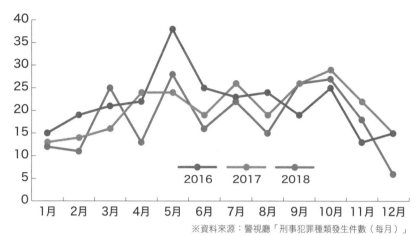

※資料來源：警視廳「刑事犯罪種類發生件數（每月）」

這個表格是以年分來表示在東京都（警視廳管區）內所確認的「公然猥褻」案件數量。雖然春天到夏天的案件有確實變多，但不完全是在入春之後案件數量才特別地突出。

事件會發生在遠離加害者住宅的地方

※此表格是根據科學警察研究所「關於男性暴露狂犯罪特徵與犯人形象的分析」所製成

暴露狂案件中，令人意外的是約有七成是在白天行動的。另外，全部案件中，約有四成的犯行是在距離暴露狂住宅五公里以上的地點犯下的，由此可以得知這些都是有計畫的犯行。

進一步的發展。

因此，這些猥褻犯基本上不會直接觸碰目標女性的身體，也不會做出直接的行為，也許可以說是內向害羞的人也說不定。

內衣竊盜的犯罪者平均年齡為32.9歲，從以每10歲為一個區間所製作的加害者分類圖中，也可以知道人數最多的年齡層為30～40歲。

也許大家對於性犯罪加害者會有著無法抑制性慾的單身可疑人士印象，但這應該可以說是偏見，實際上被檢舉的人中，也有不少是有妻子或是有正當工作的案例。

會被當作性騷擾目標的女性特徵是？

性騷擾的犯人會根據「理性選擇理論」（請參閱P.22）而行動，也會小心行事以免被抓。

因此他們會特別費心選擇目標。

經常會聽到有人說遇到性騷擾的女性是因為穿著輕薄或是過於暴露服裝的人，實際上那並不是什麼關鍵的理由。

性騷擾犯的目標是看起來溫順而且不會抵抗的人，以及看起來不會明確說「NO」的人，他們在找出能默不吭聲接受自己行為的人後才開始行動。

最近，沒有很明確觸碰女性身體，遊走在灰色地帶邊緣的性騷擾犯人正在增加中，這應該是因為不容易被檢舉才會明目張膽地使用這種方式吧。

假如有女性因這種行為而大聲呼救時，他就可以說「因為電車上人擠人，我也是不得已才貼上去的」、「我只有臉靠近而已」以及「我沒有碰到身體」等的藉口來劃清界線。

從這裡就可以觀察到，雖然性騷擾犯的手法非常大膽，

為什麼會有性騷擾的舉動？

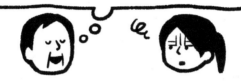

- 穿著暴露的女性性慾比較旺盛。
- 女性透過被男性性騷擾之後可以滿足性慾。
- 讓人感覺有機可乘的女性被摸也是無可奈何。
- 做出比性騷擾更嚴重事情的人比比皆是。
- 因為我工作認真，就算去性騷擾別人也會獲得諒解。

※這是在針對性騷擾加害者所舉辦的座談會，以及有性騷擾加害者參加的團體會議中所發表的意見。此欄是根據《男性變成癡漢的理由》（暫譯，齊藤章佳 著，East Press出版）的內容所製成。

實際內心卻是超級膽小。

大部分的強制性交犯都認識被害者

　　以性騷擾犯為代表的強制猥褻犯，通常都是以沒看過、不認識的人為目標，而強制性交則約有八成是由「認識的人」所犯下的暴行（根據內閣府 平成27年「關於男女之間性暴力的調查」）。這應該是因為對方是認識的人，女性才會放下戒心的緣故吧。

　　強制性交犯大多為20歲~39歲，有工作的人占了七成，而且，強制性交這一種犯罪與公然猥褻或僅是擦身而過的性騷擾不一樣，直到達成目的為止是需要一定時間的。

　　因此和「一時鬼迷心竅……」的這種衝動案例相比，性侵案的特徵是大多數案例都是在計畫後才進行犯罪的。

逃離性犯罪者的要點

避免危險的夜路

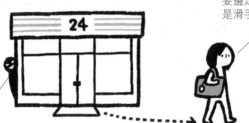

因為對周圍的注意力會大幅下降，因此不要邊走路邊聽音樂或是滑手機

罪犯會在便利商店、銀行ATM或是超市等地點找尋目標並尾隨跟蹤

在包包上看得到的地方掛上防身警報器

在自家公寓的電梯中也要小心注意！

背朝牆壁，不在身後露出破綻

和可疑人士一起搭乘電梯時，假裝手機響起，中途離開電梯

按「關門」按鈕之後再按想去的樓層。因為如果先按樓層再關門，就會被關門前進來的人知道居住的樓層。

即使公寓的門鎖是自動門鎖，還是有可能會讓可疑人士成功溜進來。

在電車內容易被性騷擾犯盯上的位置是？

搭乘急行或是快速列車等停車區間較長的
電車時，在到站之前的時間內都無法脫逃

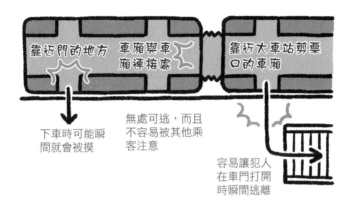

靠近門的地方　車廂與車廂連接處　靠近大車站剪票口的車廂

下車時可能瞬
間就會被摸

無處可逃，而且
不容易被其他乘
客注意

容易讓犯人
在車門打開
時瞬間逃離

宴席時要注意迷姦藥丸

最近發生了很多起在聚餐喝酒時誤喝藥劑而
失去意識的案例。也有的案例是從廁所回到
餐桌，喝下剛剛沒喝完的飲料後就失去了記
憶。

不讓飲料離開身邊　不喝離席後的飲料

網路也是跟蹤狂的犯罪現場

糾纏明星的跟蹤狂

接著就來看「跟蹤犯罪」吧。

跟蹤狂的日文「ストーカー」（stalker）一詞是來自於英文的「stalk」（悄悄地靠近），指的是埋伏糾纏以及監視某個特定人士私生活的行為。

雖然向警方諮詢的案件從2016年就開始慢慢地減少了，不過在另一方面，對行為人採取強制行動限制的「禁止命令」則是正在增加中（根據日本警視廳調查）。

跟蹤狂案例中，最具代表性的應該就是讓跟蹤狂一詞變成眾所皆知的、發生在1980年代美國的約翰・藍儂（John Lennon）槍擊事件了吧。槍擊犯是當時25歲的馬克・查普曼（Mark Chapman），是約翰・藍儂的狂熱歌迷。

像查普曼那樣痴迷於名人且單方面接二連三地重複糾纏行為的人就稱為瘋狂粉絲。憧憬著茱蒂・佛斯特的欣克利（請參閱P.42）也是屬於這類型的粉絲。在日本也有著廣為人知的案件，如偶像菊池桃子以及搖滾樂團SPITZ的草野正宗就曾經遭受到瘋狂粉絲的騷擾。

最近則是有高齡跟蹤犯罪者增加的趨勢，雖然說以行為人來看，20歲~29歲仍是人數最多的世代，但最近70歲~79歲之間的行為人數有持續增加的現象。

跟蹤狂犯罪的檢舉數量是如何變化的？

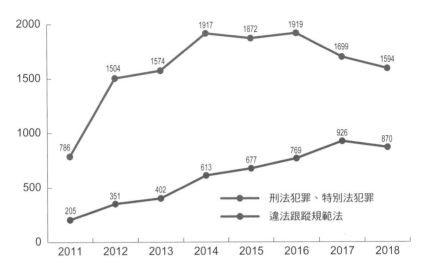

※此表格資料來源是警視廳「關於在平成30年中針對跟蹤狂事案以及受到配偶暴力行為事案的處理狀況」。

殺害約翰・藍儂的跟蹤狂

1980年12月，馬克・查普曼殺害了約翰・藍儂後遭到逮捕，被法院判處終身監禁，現在仍在紐約的監獄中服刑。「以違反社會福祉以及安全」等的理由，駁回了全部總共十次的假釋申請。

在網路上糾纏人的跟蹤狂

最近這幾年，在網路上糾纏特定人士的網路跟蹤狂（數位跟蹤狂）也增加了不少。

網路跟蹤狂有很多種不同的手法，不過有調查報告指出當被害人不願意接受跟蹤狂的要求時，就會在網路上受到跟蹤狂的毀謗中傷、公開其祕密或是公布私密照片、影片（復仇式色情，Revenge porn）等攻擊。

另外，透過個人檔案以及在社群網站上的投稿搜索出個人資訊後，擅自「曝光」（公布在網路上）地址等資訊的行為也是屬於網路跟蹤狂的一種。

有些人會在不經意的情況下將在自家附近拍的照片上傳到Instagram上，之前就發生過從背景中的建築物以及風景找出目標住址的事件。

在2019年就曾經有一名男子把偶像上傳到社群網站的自拍照放大，並從瞳孔倒映出的景色找出該名女星住址而遭到逮捕的事件。

此外，也有其他調查報告指出，有的事件是以特定的個人資訊為基礎假扮成對方，並以該身分做出一些困擾他人的行為來影響本人形象的事件，這可說是唯獨在網路世界才會誕生的跟蹤狂了吧。

在社群網站融入日常生活，而且有著極大影響力的現代，必須注意網路世界也和真實世界一樣，都有可能成為跟蹤狂的舞台。

高齡跟蹤狂會有的糾纏舉動

用E-mail寄送兜風或是演唱會的邀請。拒絕的話，會回傳：「你只是還沒有發現這是你我命中註定的相會。」[79歲]

用E-mail寄送日常所發生的事情。一天內寄送高達36封信件。拒絕的話就會回：「我一天中最快樂的事情就只有寄信給你。」[69歲]

在對方的答錄電話中，於四天內留了50通錄音。「好寂寞喔。聽不到你的聲音，我要死掉了啦。」[74歲]

※此表格是根據《老人們的社會黑暗面》（暫譯，新鄉由起，寶島社出版）的內容所製成。

跟蹤狂規制法的修法（部分）

- 明明就已經拒絕了，卻仍在社群軟體或是部落格上傳送訊息等行為也被列入規範對象。
- 即使沒有經過「警告」的程序，仍可以發出對行為人具備強力行為限制的禁止命令。
- 跟蹤狂行為的罰則改為兩倍（一年以下拘役或是100萬日幣以下罰緩）。
- 即使被害者不提告也能夠起訴（撤除自訴罪規定）。

強烈的思念轉變成偏執的愛情

令人困擾的戀愛情感失去控制

如果要用一句話說明跟蹤狂的心理，最適合的應該就是「過於強烈的思念」了吧。

雖然跟蹤狂也有很多不同類型，不過共通的部分就是「最喜歡自己」。

當然，這件事情本身沒有問題，但當以自我為中心的思考失去控制，爆衝到會讓對方感到恐懼的等級時，就可以稱為犯罪了。

跟蹤狂的「動機」中最常被提及的是戀愛，而跟蹤狂的性別中，男性數量壓倒性地多，當他們要求交往卻被拒絕，或是被分手時，往往都不願意接受事實，不管別人怎麼說，都只從合乎自己立場的方式去解釋。

即使被女性怒斥道：「不要纏著我！」也會認為「她一定是因為害羞」，或即使跟他說：「想跟你分手」也會用「這一定是為了讓沒用的我振作起來，才故意這樣說的吧」的想法來避開。

就像這樣，他們會正當化自己的行為。

而這對被害者來說當然十分無法忍受，因此通常會強力地或是不停地重複說「NO！」。

但是，當跟蹤狂知道自己的要求不被接受時，就會驟變成「竟敢傷害老子自尊心」的態度，要是這樣就麻煩了。

「跟蹤狂」分成四種類型

親密追求型
想跟對方變成互相愛慕的關係。但是對方並未這麼想，是單方面的。

憎惡型
憎恨對方，目的在於讓對方感到恐懼或是痛苦。

拒絕型
原為熟識的前配偶或是前戀人之類的人。目的在於想要重修舊好，當自己的要求不被理解時，會變得具有攻擊性。

掠奪型
把對方當作是性犯罪的目標。

※此表格是根據精神醫學博士保羅・穆倫（Paul Mullen）的分類所製成。

詢問跟蹤狂犯行當時對被害者懷抱的意圖（複選）

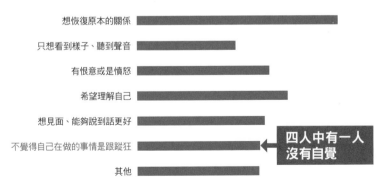

想恢復原本的關係

只想看到樣子、聽到聲音

有恨意或是憤怒

希望理解自己

想見面、能夠說到話更好

不覺得自己在做的事情是跟蹤狂 **← 四人中有一人沒有自覺**

其他

0.0%　5.0%　10.0%　15.0%　20.0%　25.0%　30.0%　35.0%　40.0%　45.0%

※此圖表是根據警視廳「針對跟蹤狂加害者的問卷調查結果（2018）」資料所製成。

以客觀角度來看，被拒絕是很正常的，但是以跟蹤狂的思考邏輯來看，就會被曲解成「老子這麼喜歡你，為什麼都不肯看我一眼！」

有可能罹患精神疾病

前面已經多次提到，跟蹤狂有著不論被拒絕幾次，都會自行解讀且不願意放棄的特徵。

但如果要說那是否屬於「性格」的一種，倒也不一定是如此。

在精神醫學的領域中，有一類名為「反社會型人格障礙」（Antisocial personality disorder，ASPD）的症狀。這是一種會為了追求自身利益以及快樂，不斷重複違法行為的症狀，而且完全不會有罪惡感。別說罪惡感，有時甚至還會認為是被害者的錯。

另外，一般認為跟蹤狂中也有很多是患有會過度高估自己的能力，並認為自己是特別的「自戀型人格疾患」（Narcissistic personality disorder，NPD）。

當然，並不是說所有ASPD或是NPD患者都是跟蹤狂，但是，就理解跟蹤狂的心理層面來說，這應該也算是可以預先掌握的有用資訊。

跟蹤狂容易陷入的心理狀態

希望他人承認自己是特別的	不會感覺到良心的譴責	掉入戀愛的妄想中
容易覺得被無視		感受到壓力後馬上就會攻擊對方

跟蹤狂加害者的真實心聲

「變得很痛苦，感覺已經到了忍耐的極限。比如說，如果我不發E-Mail給那個人，就會有一種停止呼吸並潛到水裡面看能憋多久的感覺。」

[照片來源：河出書房新社]

《跟蹤狂加害者：請逃離我》
田淵俊彥、NNN紀錄片攝影團隊 著
河出書房新社

這是一本訪問曾經犯下跟蹤犯罪的加害者們，揭發其內心黑暗面的紀實作品。書中介紹了他們在無法控制的欲望以及良心之間掙扎，「就算想停也停不下來」、「希望那些人能夠順利地逃離」等複雜的心理狀態。

逃離跟蹤狂的要點

不要用「這種方式」提分手

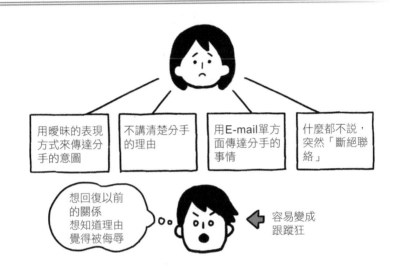

用曖昧的表現方式來傳達分手的意圖

不講清楚分手的理由

用E-mail單方面傳達分手的事情

什麼都不說，突然「斷絕聯絡」

想回復以前的關係
想知道理由
覺得被侮辱

容易變成跟蹤狂

希望平時就注意到的事情

公共事業費用的明細、記載有個人情報的資料……等要切碎後再丟棄。不在垃圾清運前一天丟棄。

不上傳能夠從裡面找到住處的照片到社群網站。

郵筒上鎖（防止破壞）

傳達「NO」時的注意事項

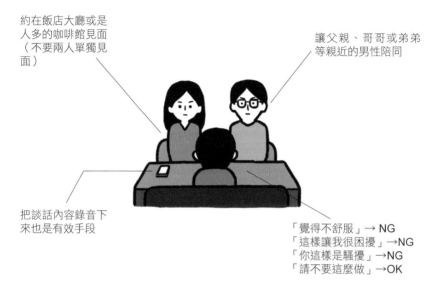

約在飯店大廳或是人多的咖啡館見面（不要兩人單獨見面）

讓父親、哥哥或弟弟等親近的男性陪同

把談話內容錄音下來也是有效手段

「覺得不舒服」→ NG
「這樣讓我很困擾」→NG
「你這樣是騷擾」→NG
「請不要這麼做」→OK

警察會怎麼處理呢？

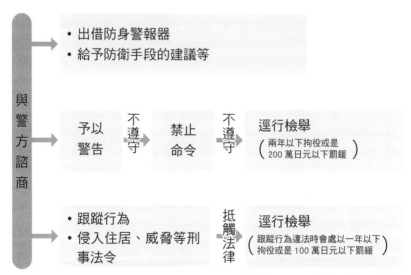

與警方諮商

• 出借防身警報器
• 給予防衛手段的建議等

予以警告 → 不遵守 → 禁止命令 → 不遵守 → 逕行檢舉（兩年以下拘役或是200萬日元以下罰鍰）

• 跟蹤行為
• 侵入住居、威脅等刑事法令
→ 抵觸法律 → 逕行檢舉（跟蹤行為違法時會處以一年以下拘役或是100萬日元以下罰鍰）

※圖表是根據廣島縣警方網站的內容所製成。

惡用社群軟體的犯罪正在急速增加中

雖然有減少的趨勢，但仍不可掉以輕心

孩童經常伴隨著被捲入犯罪的風險。

根據2019年發行的《警察白皮書（令和元年版）》，在2018年有1萬2947件被害者是未滿13歲孩童的案件。

但是，這個數量其實是過去10年中最低的數字。

感覺會有人提出這樣的問題：「意思就是說捲入孩童的犯罪減少了？」

遺憾的是，這件事並非如此單純。雖然犯罪案件數量減少了，但兒童犯罪、強制性交等重大案件或是與社群網站相關的案件反而增加了。

此外，雖然以要求贖金為目的的綁架案件也減少了，但以猥褻等目的單純綁架案件反而是不斷地反覆增減，且有增加的趨勢。

吞噬孩童的社群網站黑暗面

最近，在以孩童為被害者的犯罪中，藉由網路，特別是藉由社群網站的犯罪開始引人注目。

透過社群軟體使得兒童受害的案件從2008年起算的10年間約增加了2.3倍（資料來源同上）。

SECOM公司IS研究所的舟生岳夫先生指出：「現在已經是一個約半數小學生都有智慧型手機的時代了，但過濾機制

瞄準孩童的犯罪數量有什麼變化？

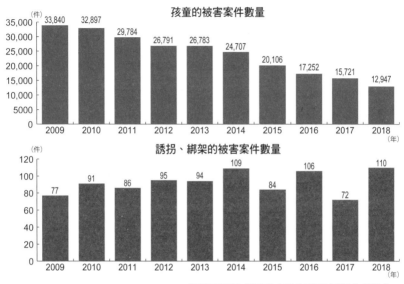

孩童的被害案件數量

誘拐、綁架的被害案件數量

※表格是根據《警察白皮書（令和元年版）》所製成。

上圖表為孩童被害的案件數量增減。以整體來看，數量的確逐年下降，但是下方圖表統計的誘拐綁架等嚴重案件卻有增加的傾向。

與社群網站有關聯的事件正在增加中

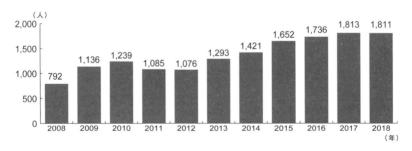

孩童透過社群網站結交不認識的網友，並因此捲入到犯罪的案件正在增加中。根據警察廳的資料，孩童被害者中約九成並未使用過濾機制〔《警察白皮書（令和元年版）》〕。

還不夠齊全，孩童自行變更設定解除限制已是輕而易舉，如此一來，就會讓他們貿然地連接到危險的世界上。」

推特、Instagram以及抖音等軟體，作為孩童們分享資訊的工具是非常受歡迎的，但換個角度來看，在上面尋找目標的犯罪者也相當多，與危險僅有一線之隔。

比如說，之前就有過一位29歲的男子，與一位透過社群網站認識的10多歲少女在飯店等地進行性行為，並將當時拍下的影像透過社群網站發送給不特定多數人，因而遭到逮捕的案件（違反日本的兒童買春、兒童色情禁止法[15]），這只是冰山一角而已。

應重新檢視對犯人的誤解

當問到「對瞄準孩童的性犯罪者有著什麼樣的印象？」時，大多都會舉出「看起來很髒的人」、「中高年齡」等等的關鍵字。但是，當調查以幼兒為對象的強制猥褻事件的加害者時，就會發現約有七成為10~39歲的人（根據《司法／犯罪心理學文本》越智啟太、桐生正幸編著，北大路書房）。

其中值得注意的是30~39歲占三成，10~19歲占兩成的部分，他們正是大人不會防備的對象，卻是實際上會傷害孩童們的加害者。

檢舉數量和性犯罪不相上下的是暴力犯罪事件，以幼兒為對象的暴力傷害事件中，約一半是熟識的人所為。換句話說，這也代表著是由父母親或是家人所施行的虐待行為。

另一方面，如果對象是小學生，則約有七成加害者是未曾見過的人，因此當孩童變成小學生之後，就有可能會突然遭到不認識的人毆打。

孩童在網路上捲入麻煩的案例

因寄送裸照給對方，而受到脅迫

在免費通話的軟體以及遊戲聊天室中的發言發展成霸凌

從上傳的照片中被找出住所以及就讀的學校

照片以及個人資訊遭到惡用

在社群網站中認識的「女子」其實是男性假扮的

※根據神奈川縣及千葉縣警察的防止犯罪網站資料所製成

揪出網路上可疑人士的要點清單

□ 會提到「我們之間的關係是祕密」

□ 試圖套出大量的個人資訊

□ 做出願意幫忙就給予禮物的約定

□ 想要透過複數的平台或是服務來進行聯繫

□ 想要求聊到關於孩童外觀的話題

□ 會要求直接見面

※整理自新南威爾斯大學副教授麥可‧索爾特所列的清單（Life Hack日本版文章《應該要讓小朋友了解的「網路可疑人物」特徵清單》）所製成。

譯註15：台灣的法律名稱為「兒童及少年性剝削防制條例」。

可疑人士會躲在某處窺視

無論性別，誰都有可能會變成目標

接著就來看看以孩童為目標的犯罪中，影響最為深刻的性犯罪吧。

大部分以孩童為對象進行強制性交或是強迫性相關行為的犯罪者都有著戀童障礙，不過，之中也是有著因為沒辦法將成人女性當作對象，因此才會利用容易掌控的孩童來達成其目的的類型。

另外，雖然會有很強烈的刻板印象認為被害者＝女童，但實際上，也是有少數以男童作為目標的案件，與性別無關，所有的孩童都有可能成為被害者。

那麼，罪犯是怎麼決定目標的？

他們會在學校或是公園等很多孩童常聚集的地方，避人耳目地觀察對象。

「我在好幾天之前就在找可以『做那種事情』的孩子了，還會跟蹤放學回家路上的孩子，或是在商圈的廁所裡面埋伏。那個時候就會在事前準備好小刀、膠帶跟繩子，孩子吵鬧的時候可以用。」（檢索自日本Ridilover Journal 「『兒童性犯罪』以兒童為目標的加害者們」，https://journal.ridilover.jp/topics/38）

上述是曾擁有針對孩童的犯罪經驗之50歲~59歲男性的證詞。

戀童障礙的四種類型

未成熟型	退化型
不擅長與成人建立人際關係，社會行為尚未成熟。這種類型會將孩童當作是「夥伴」，因此顯少產生性行為。	因為曾經歷過數次的失敗，或是已經喪失自信，開始對孩童產生興趣的類型。大多為已婚人士，看起來沒有社會相關問題的部分也是其中一個特徵。
榨取型	施虐癖型
有著反社會人格，對孩童懷抱性相關欲望。會綁架、監禁以及逼迫發生性行為等，無視孩童的人格。	這種類型也有著反社會人格。除了性衝動之外，另一個特徵是會以傷害或殺害為目的來找尋目標孩童。

※此表格根據麻薩諸塞州治療中心的分類方式所製成

在戀童障礙的定義中，例如會以「最少持續六個月，關於與青春期前的孩童進行性行為，會伴隨強烈性興奮的幻想、性衝動以及反覆的行為」等等為條件。

對有孩子的家長來說這是一個令人不寒而慄的發言，但也許是一個必須要正視的現實也說不定。

就像剛剛所提到的，罪犯會仔細地決定他的目標。

當孩童一個人遊玩的時候、一邊想著事情一邊走路的時候、跟朋友分離後，對路上的東西產生興趣而停下來的時候⋯⋯。

當他們判斷有機可乘時，就會快速地接近目標。接著就會表現出有什麼緊急請求，或是醞釀出親暱的氛圍等，藉此來降低孩童的警戒心。

逃離可疑人士的要點

向孩童搭訕的範例

你媽媽遇到車禍了，趕快上車。

我是電視公司的工作人員，想要訪問你。

我的錢包不見了，可以跟我一起找嗎？

我是警察，跟我走，有事情想問你。

我想拍照，請你當模特兒。

我身體不舒服，請告訴我哪裡有醫院。

也有會試圖問出名字以及學校名稱等個人資訊的案例。

公共廁所也不安全

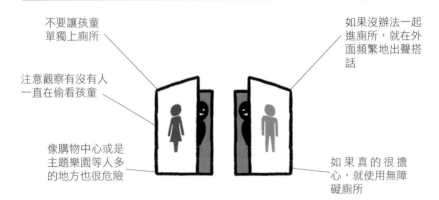

不要讓孩童單獨上廁所

注意觀察有沒有人一直在偷看孩童

像購物中心或是主題樂園等人多的地方也很危險

如果沒辦法一起進廁所，就在外面頻繁地出聲搭話

如果真的很擔心，就使用無障礙廁所

遇到可疑人士的時候該怎麼辦？

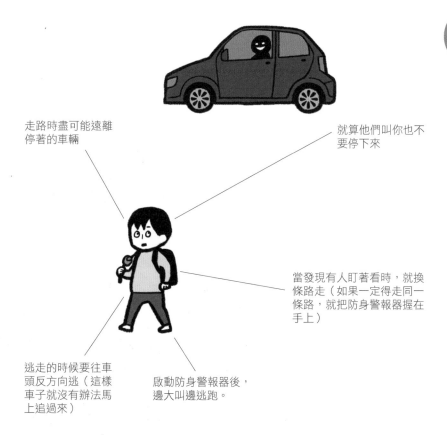

走路時盡可能遠離停著的車輛

就算他們叫你也不要停下來

當發現有人盯著看時，就換條路走（如果一定得走同一條路，就把防身警報器握在手上）

逃走的時候要往車頭反方向逃（這樣車子就沒有辦法馬上追過來）

啟動防身警報器後，邊大叫邊逃跑。

因為車子裡面是密室，倘若不小心被抓進去的話，外面是聽不到呼救聲的。所以應該要教導孩子如果被抓的話，就要揮動隨身物品來抵擋，或是放棄身上的東西逃跑等等，使用各種手段立刻逃走。另外，即使什麼事情都沒發生也不能掉以輕心。「重要的是，就算您的孩子沒有遇到任何的危險，也要養成看到奇怪的人或是狀況時馬上跟父母親報告的習慣。因為搞不好當時只是運氣好才沒有遇到襲擊，而且這樣子還能防止別人受害。」（採訪自前出先生與舟生岳夫先生）

※根據SECOM「兒童的安全部落格」以及訪談該社所製成。

孩童會在哪裡被盯上呢？

在犯罪現場經常看到牆壁
上有塗鴉或是垃圾散亂一
地的特徵。髒污就代表著
管理者疏於管理＝監視性
的低落程度

沒什麼人的
公共廁所

變成死角的單車、
汽機車停車場

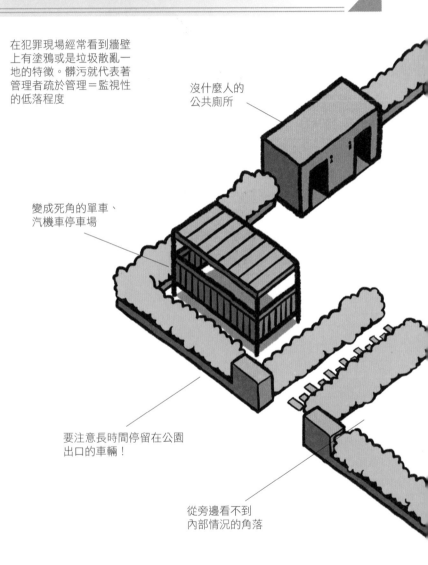

要注意長時間停留在公園
出口的車輛！

從旁邊看不到
內部情況的角落

沒有路燈的地方在入夜之後，危險程度就會倍增。另外，即使是位在四周都是住宅的地方，也不能降低警戒心。如果周邊住宅面向公園側是沒有窗戶的話，附近居民也不容易注意到危險發生。

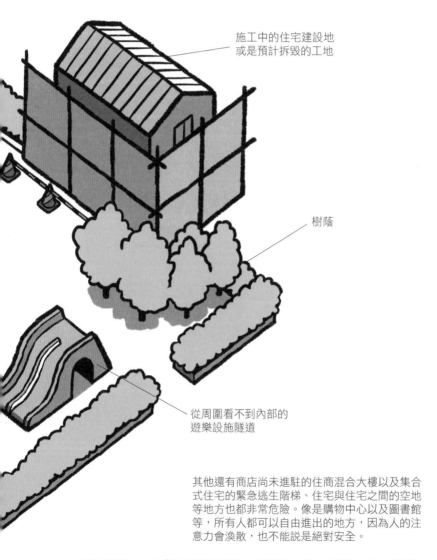

施工中的住宅建設地或是預計拆毀的工地

樹蔭

從周圍看不到內部的遊樂設施隧道

其他還有商店尚未進駐的住商混合大樓以及集合式住宅的緊急逃生階梯、住宅與住宅之間的空地等地方也都非常危險。像是購物中心以及圖書館等，所有人都可以自由進出的地方，因為人的注意力會渙散，也不能說是絕對安全。

※此圖表是根據SECOM「孩童的安全部落格」、採訪該社，再加上筆者的個人調查所製成。

有組織性且巧妙的詐騙手法

被害者中占壓倒性多數的為高齡世代

　　特殊詐騙指的是一種會透過假扮家人或是公家機關職員，一邊假裝有緊急狀況、一邊與被害者接觸，並騙取金錢等的犯罪行為。最有名的就是所謂的「ATM詐騙」，但還有其他很多手法，共可分成十種不同類型。

　　被害者中，高齡者占比壓倒性地多，其中女性被害者的數量更是居高不下（請參考下列表格）。

特殊詐騙被害者年齡、性別組成（2019年1月~12月）

	男（%）	女（%）
19歲以下	0.1	0.1
20～29歲	0.8	1.1
30～39歲	0.7	0.9
40～49歲	1.1	1.6
50～59歲	2.2	3.0
60～69歲	4.3	8.1
70歲以上	**15.8**	**60.1**
合計	25.1	74.9

※此表格是根據警察廳「關於令和元年12月的特殊詐騙報案以及檢舉狀況」所製成。

　　之所以被害者中以高齡者居多，能列舉出的主要理由為身邊沒有可以諮詢的人、判斷機能的衰退以及容易陷入混亂等。當然，除了這些理由外，也不能忽視高齡者長時間留在家中，處於容易接到電話（市內電話）的環境等等因素。

「ATM詐騙」以外的特殊詐騙

存款詐騙

假裝是公所職員，並以「您有一筆溢繳的醫療費用，這邊會需要您的提款卡處理後續的手續。」的説法來騙取提款卡。

虛構費用詐騙

用電子郵件或是明信片等，要求繳納從未使用過的服務費用，而且上面還會寫上「本日內未繳納會立刻提告」來威脅收到文件的人。

金融商品詐騙

讓被害者購買沒有價值的未公開股票或是美術品，並讓他相信「購買之後價格一定會上漲」，騙取購買資金。

相親斡旋詐騙

以「匯款之後一定會讓你見到對方」的説詞，騙取申請人的入會費以及保證金。

除了「ATM詐騙」外，還有像上面表格中所提到的幾種詐騙。詐騙有著當大規模災害發生或是某項新制度開始執行時，就會趁機橫行的傾向。

　　實際上，大部分的詐騙集團都會在白天使用電腦撥打隨機的電話號碼，仔細調查是什麼樣的人接聽電話。再從接聽者的年齡、性別、是否在家以及聲音的音調等等來鎖定目標。

只相信對自己有利資訊的驗證性偏誤

即使是如此，像「ATM詐騙」這麼單純的手法，為什麼還是有人會被騙？應該很多人都有這個疑問吧。

這是被害者被「認知偏誤」（Cognitive bias）所影響的緣故。在日常生活中，有時候我們會因為先入為主的觀念而以符合自己利益的方式去解釋事情。即使從客觀角度判斷是不合理的，當事者也會深信不疑。這種思考邏輯的偏差以及扭曲就是「驗證性偏誤」（Confirmation bias）。

其中要特別解釋的則是「驗證性偏誤」。

這指的是當事者傾向只面對符合自己當初假設的事件，當真相與假設不符或甚至相違背時，則會忽視該事實。當人被驗證性偏誤所掌控，就算對方在電話中講的事情牛頭不對馬嘴，也會變得無法注意到其中那些不合理之處。

之所以無法徹底消滅這些犯罪，主要是因為特殊詐騙犯巧妙地組織化了的緣故。

特殊詐騙犯基本上不會單獨行動，在進行犯罪時，會有複數的人員參與其中，並且會在徹底的分工體系下執行。

除了主謀之外還會有負責打電話的「話務手」（一線、二線、三線），負責領出被害者所匯現金的「車手」以及與被害者直接接觸收取現金的「收錢手」等。

話務手中，除了負責扮演兒子的角色之外，有時候還會扮演警察、律師或以兒子的上司等身分登場。

收錢手以及車手大多是在推特等網站看到實為「打工陷阱」的徵才廣告而前去應徵的年輕人，這些人只不過是整個

特殊詐騙犯的伎倆

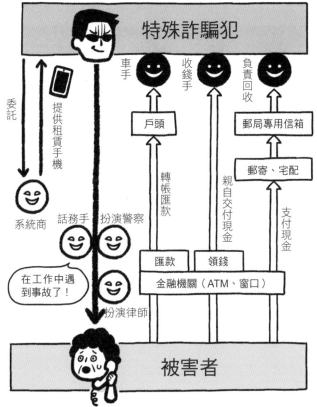

最近「預約電話詐騙」正在增加中，此詐騙手法是透過假扮成小孩或是銀行行員等，從目標口中打聽出現金的持有狀況後，就會透過約定見面的方式來騙取現金。

詐騙集團最末端的角色而已，因此，他們與上層之間的關係薄弱，即使被檢舉也無從知曉整個詐騙集團的全貌。

重點在於與目標之間的信賴關係

作為幫助的角色偷偷靠近被害者

特殊詐騙犯人都在想什麼？

他們都在想著要如何才不會讓被害者對他們起疑，換句話說，他們會竭盡全力著眼於與被害者建立起信賴關係這一件事情上。

特殊詐騙與竊盜、暴力犯罪不一樣的地方在於，他們並不會站在與被害者相對的立場，而是反過來以讓被害者獲得利益的「協助者」身分來接近他們。因此，加害者會與被害者建立起一段虛假的信賴關係。

奇妙的是，有時候即使被害者發現被騙取金錢後，這個信賴關係也不會因此崩解，由此就能看得出來詐騙集團是如何巧妙地操控被害者的心理狀態。

不讓被害者存疑的心理技巧

詐騙犯為了要讓被害者相信「我不是你的敵人」，掌握了幾個要點。

例如：個人資訊。詐騙手法天天都在演化，基本上已經不像一開始的「ATM詐騙」那樣，打算只靠一通電話就達成企圖的做法了。

他們會撥打數次電話給被害者，並記錄下被害者無意間說出的個人情報，接著在「正式上陣」時使用之前獲取到的

被害者受騙的過程

> 我是○○，我開公司的車出車禍了！

透露出緊急事故的樣貌，使其不安

> 我是你兒子的辯護律師

具有權威的專業人士出場

> 今天不付出50萬日幣的話就糟糕了……

設定期限使其焦慮

> 拜託照律師說的話去做！

讓你全面信任

資訊，讓被害者相信他們所講的都是事實。

更重要的是加害者的專業程度。

加害者在電話中講出具有權威的職稱或是專業知識，就可以讓被害者更加深信不疑。

警察、律師、公所的職員、社會保險廳及消費者中心的職員……等等，詐騙犯會假扮各式各樣的職業。

另外，在通電話的過程中，可能會有複數的人士出場，這也是為了博取被害者信任的一環。

即使被害者在一瞬間覺得「這好像有點可疑」，但也會認為「就算是詐騙，應該也不會這麼大費周章吧」而深陷其中。

這就是「驗證性偏誤」。

不被詐騙的要點

能惹怒詐騙集團的對話

您好，我是○○縣警察搜查二課的 XX。

你説你是哪裡的警察？喂？請你再説一次

我説，我是○○縣的警察⋯⋯ 其實我們局裡有一位剛逮捕到的現行犯，他講了你的個人資料⋯⋯

等一下喔，因為不知道你在説什麼，我跟家人確定一下。請告訴我要怎麼跟你聯絡。

（煩死了） 沒有時間了捏！

馬上就會再打給你，請給我號碼⋯⋯

（這個不行） 掛上電話！

※來自於愛知縣警察防止犯罪廣告(2018.06)

請「防止ATM詐騙被害通話中心」的接線員假扮特殊詐騙集團的人打電話過來，可以知道使用「用問題來答話」、「轉移話題」以及「講沒幾句就想掛電話」等的講話方式會讓詐騙集團覺得此人難以上當受騙。

特殊詐騙犯經常使用的四種謊言

（我是警察）請你告訴我卡片的密碼。

✕　警察、銀行協會的職員不會詢問提款卡的密碼。

請用便利袋（宅配）把現金寄送過來。

✕　全部都是詐騙（在日本使用便利袋寄送現金是違法的[16]）。

溢繳的金錢會透過ATM返還。

✕　無法透過ATM取得退款。

手機號碼換了。

✕　一直在用的電話號碼沒有這麼容易更動，
　　先把電話掛掉重打一次看看。

可以幫忙擊退詐騙集團的電話機型

搭載反騷擾電話功能的電話機相當方便好用。

接聽電話時，將聲音
變成男性

拒接由受話方付費的電話

接聽通話時，告知
對方此通話即將錄
音

自動拒接黑名單
（警方或是政府所
收集的名單）中的
號碼來電

※根據廠牌以及機種不同，機能也會有所不同。

譯註16：此為日本法律，台灣無此規定。

傑克蓋的房子

拉斯・馮・提爾（Lars von Trier）導演/2018年/丹麥、法國、德國、瑞典

連環殺手12年來的犯罪歷史

◆ 目標當建築師的青年為什麼會不斷殺人？

就如同之前所提過的，長時間進行隨機殺人的連續殺人犯稱之為「連環殺手」。

在美國，像是13年內殺害17人的傑佛瑞・丹墨以及同樣殺害30人以上的泰德・邦迪等，都可說是典型的連環殺手。

本欄所介紹的電影《傑克蓋的房子》就是一部講述連環殺手犯罪歷史的作品。因為內容非常地震撼，因此在坎城影展播映時，不斷地有人中途離席，是一部非常具有爭議的作品。

故事的舞台開展於1970年代的美國華盛頓州。

目標成為建築師的年輕人傑克（麥特・狄倫飾演）幫助了一位車子在路邊拋錨的女性（鄔瑪・舒曼飾演）。在詢問女性是否要搭乘自己的便車前往目的地時，因為覺得這名女性的態度過於囂張，於是他在衝動下殺害了對方，並將屍體冰藏在冷凍室裡面。

這就是傑克長達12年殺人歷史的開端。

在這之後，他也不斷地像是在玩遊戲般地殺害了許多人，被害者包括女性及兒童，並且他還會做出將屍體照片寄送給報

《傑克蓋的房子》
在GP+線上影音平台已上架
(gpp.tw)
圖片來源：車庫娛樂

社等的異常行為。

　　然而，警方偵查的手最後還是伸向了傑克，慢慢地將他逼到了死角。

◆ 以寫實的方式描寫真實事件的手法

　　電影中，主要以描繪謀殺被害者手法的方式，重現了昔日真實發生過的連環殺手犯行。

　　比如說，電影中有一幕是傑克如同在享受「狩獵」般地射殺正在逃跑的被害者的畫面，這應該就是從發生在美國阿拉斯加州的「安克雷奇（Anchorage）連續殺人事件」中獲得靈

感的。

1971~1983年之間，在阿拉斯加的安克雷奇發生了一件至少17名以上的女性遭到殺害的事件。

犯人羅伯特・漢森（Robert Hansen）對他帶進別墅的女性施暴後，刻意讓女性逃跑，再用獵槍將其殺害，這樣子的犯行重複了數次，而在電影中也有非常相似的犯罪場景。

就像剛剛所提到的，傑克殺死被害者的手法會參考實際的事件，但從犯罪心理學的觀點來看，會覺得這稍微缺乏了一點現實感。

為什麼會這樣說呢？那是因為在同一位罪犯的犯行中，行兇動機以及手法應該是有著一貫性的，同一個的犯人卻有截然不同的作案動機和手法通常較難以想像。

雖是這麼說，本作中殺人過程的細節充滿著真實性。另外，電影中傑克毫不猶豫殺死女性及孩童的姿態，也可以說是揭露了連環殺手的真實樣貌。

結語

曾經有某個針對殺人做的簡單調查。

那個調查是「為什麼你不殺人？請寫下現在立刻想到的3個理由。」

總共有236人（男性156名，女性80名）回答。

接著開始使用多變量分析此一調查，將回答的內容加以分組，結果如下：

- 「想維持社會地位所以不殺人」群
- 「除了殺人之外還有其他解決方式所以不殺人」群
- 「太殘忍了所以不殺人」群
- 「原本就沒有殺人動機所以不殺人」群

共分為以上這四個群。

另從此一分析結果中得出了一個假說。

也就是，人在「沒有需要維持的社會地位、解決問題的方法只有殺人、不覺得殘忍以及只要有動機就會殺人」。

可以把這個假說當作是在兇殺事件中令人難以理解的殺人動機，而這些動機其實就位於我們想法的反面而已。大家都是怎麼想的呢？

最後，感謝SB Visual新書編輯部的木田秀和、協助編輯的大畠利惠、插畫師Takirei協助完成此書，在這邊致上最深的謝意。

參考文獻

■書籍/論文

『心理捜査官 ロンドン殺人ファイル』　デヴィッド カンター (著)、吉田利子 (訳)
草思社

『数学で犯罪を解決する』　キース．デブリン他(著)、山形浩生、守岡桜 (訳)
ダイヤモンド社

『Progress & Application 犯罪心理学』　越智啓太　サイエンス社

『テキスト 司法．犯罪心理学』　越智啓太、桐生 正幸 (編)　北大路書房

『犯罪分析ステップ60』　ロナルド．V．クラーク、ジョン．E．エック (著)、守山
正 (監訳)　成文堂

『犯罪心理学—捜査と防犯』　桐生正幸　現代図書

『プロファイリングとは何か』　田村雅幸 (監修)、高村 茂、桐生 正幸 (編)　立花
書房

『基礎から学ぶ 犯罪心理学研究法』　桐生正幸　福村出版

『現代の犯罪』　作田 明、福島 章（編）　新書館

『犯罪者プロファイリング入門』　渡邉和美、桐生正幸、高村 茂 (編著) 北大
路書房

『犯罪者プロファイリングは犯人をどう追いつめるか』　桐生正幸　KAWADE
夢新書

『犯罪心理学入門』　福島 章　中公新書

『なぜ人は騙されるのか』　岡本真一郎　中公新書

『日本の殺人』　河合幹雄　ちくま新書

『入門　犯罪心理学』　原田隆之　ちくま新書

『犯罪分析ステップ60』 ロナルド．クラーク、ジョン．エック（著）、守山 正
（監訳）ほか　成文堂

「週刊マーダーケースブック（No.1 シャロン．テート殺人事件）」　省心書房

「子供に対する性犯罪に関する研究の現状と展開（1）発生状況と犯人の特性」
越智啓太　法政大学文学部紀要

「学校教員による性的逸脱行動の分析」　桐生正幸　東洋大学社会学部紀要紀要

「犯罪者プロファイリングはホームズの叡智を獲得したのか？」桐生正幸　心理
学評論

「日本におけるポリグラフ検査の変遷：犯罪事実の記憶,隠蔽の意図 」桐生正幸
行動科学

「虚偽検出検査における眼球運動の非接触的測定」　谷口泰富、小野洋平　心理
学研究

法務省「犯罪白書」　令和元年版

■網站

「BIOGRAPHY」 Jeffrey Dahmer
https://www.biography.com/crime-figure/jeffrey-dahmer
「BIOGRAPHY」 Graham Young
https://www.biography.com/crime-figure/graham-young

「Encyclopaedia Britannica」 Jim Jones
https://www.britannica.com/biography/Jim-Jones
「カルト被害を考える会」 西田公昭講演記録
http://www.asahi-net.or.jp/~AM6K-KZHR/nisida.htm
「マインド. コントロールとは」
https://www.caa.go.jp/future/project/project_001/pdf/
project_001_180529_0003.pdf
「グローバルノート」 世界の殺人発生率 国別ランキング. 推移
https://www.globalnote.jp/post-1697.html
「BUSINESS INSIDER JAPAN」 娯楽設備、デザイナーズ建築、麻薬取引……刑務所とは思えない、世界の刑務所
https://www.businessinsider.jp/post-106824
「法務省」 性犯罪再犯防止指導
http://www.moj.go.jp/content/001224612
「刑事事件 弁護士相談広場」 被疑者取調べのルール
https://www.keijihiroba.com/10min/interrogation-room.html
「JAPAN Forbes」 AIを活用した「犯罪予測. 治安対策」最前線
https://forbesjapan.com/articles/detail/20406

■其他

東京都「高齢者による万引きに関する報告書（2017）」
毎日新聞「絶てるか性犯罪の連鎖 受刑者指導 伸び悩む効果（2019年3月3日）」
日経新聞「刑務所出ても4割再入所 犯罪白書 5年以内、生活苦で 高齢者の対策急務（2016年11月11日）」

台灣諮詢及救援服務專線一覽表

緊急事件/事故

110

各縣市警察局勤務指揮中心報案電話

安心專線

1925（依舊愛我）

全年無休，為全國民眾24小時免付費之心理諮詢服務的專線電話

113保護專線/家暴防治

113

是一支24小時全年無休的服務專線，若您或家人、朋友遭受家庭暴力、性侵害或性騷擾的困擾，或是知道有兒童、少年、老人或身心障礙者受到身心虐待、疏忽或其他嚴重傷害其身心發展的行為，都可以主動撥113，進行諮詢與通報，或者洽各地方政府「家庭暴力及性侵害防治中心」尋求協助，防治中心皆配置社工人員協助被害人。

反詐騙諮詢專線

165

預防詐欺犯罪，凡遇不明的可疑電話時即可撥打，提供民眾諮詢、檢舉、報案。

犯罪被害人保護協會

0800-005-850

http://www.avs.org.tw/

提供犯罪被害人全國免付費保護專線，被害死亡、被害重傷、性侵害、家庭暴力、人口販運、兒童及少年被害等問題皆可諮詢。

家暴輔導男性關懷專線

0800-013-999

提供免費諮詢服務，傾聽來電者訴說心情、討論其困擾及提供專業法律諮詢與資源轉介。

張老師專線

1980

協助處理情緒及各項生活適應上的困擾，並可針對當事人立即性問題處理。

哎唷喂呀兒童專線

0800-003-123

服務對象為國小以下兒童（未滿12歲），提供兒童分享心情、煩惱及生活大小事。

踹貢少年專線服務

0800-001-769

服務對象為13~18歲少年，傾聽少年們的心聲，幫助少年抒發情緒、解決困擾和處理生活中五花八門的大小問題。

繪者

Takirei

　　出生於新潟縣。以孩子出生以及育兒為契機轉職為插畫師，興趣是繪製富含教育意涵的插畫，目前持續活躍中。在明治的巧克力零食中，雖然形狀上喜歡「香菇山」，但味道比較喜歡「竹筍村」。

　　著書有《性的繪本》（暫譯，Artecreate）、《保育園KUMO君的聯絡簿》（暫譯，KADOKAWA）等。

Takirei的網站

　　https://okomemories.jimdofree.com

國家圖書館出版品預行編目資料

打開犯罪心理學大門：詐騙、竊盜、縱火、性騷擾、
殺人犯，這些壞人都在想什麼？ / 桐生正幸著；魏俊
崎譯 .-- 初版 .-- 臺中市：晨星 , 2021.10
　　面；　公分 .--（勁草生活；483）

譯自：悪いヤツらは何を考えているのか：ゼロから
わかる犯罪心理学入門
ISBN 978-626-7009-61-1（平裝）

1. 犯罪心理學　2. 犯罪防制

548.52　　　　　　　　　　　　　　　110013117

勁草生活 483

打開犯罪心理學大門

詐騙、竊盜、縱火、性騷擾、殺人犯，這些壞人都在想什麼？
悪いヤツらは何を考えているのか：ゼロからわかる犯罪心理学入門

作者	桐生正幸
譯者	魏俊崎
編輯	王韻絜
校對	姜振陽、王韻絜
封面設計	戴佳琪
內頁排版	曾麗香

創辦人	陳銘民
發行所	晨星出版有限公司
	407 台中市西屯區工業 30 路 1 號 1 樓
	TEL：（04）23595820
	FAX：（04）23550581
	http://star.morningstar.com.tw
	行政院新聞局局版台業字第 2500 號
法律顧問	陳思成律師
初版	西元 2021 年 10 月 15 日
	西元 2023 年 12 月 15 日　　（三刷）

歡迎掃描 QR CODE
填線上回函

讀者服務專線	TEL：（02）23672044 /（04）23595819#212
讀者傳真專線	FAX：（02）23635741 /（04）23595493
讀者專用信箱	service@morningstar.com.tw
網路書店	http://www.morningstar.com.tw
郵政劃撥	15060393（知己圖書股份有限公司）
印刷	上好印刷股份有限公司

定價 350 元
ISBN 978-626-7009-61-1

WARUI YATSURA HA NANIO KANGAETE IRUNOKA
Copyright © 2020 MASAYUKI KIRIU
All rights reserved.
Originally published in Japan in 2020 by SB Creative Corp.
Traditional Chinese translation rights arranged with SB Creative Corp. through AMANN
CO., LTD.
Traditional Chinese translation copyright © 2021 by Morning Star Publishing Co., Ltd.

All rights reserved
Printed in Taiwan
版權所有・翻印必究
（缺頁或破損，請寄回更換）